Karl Friedrich Heman

Das Erwachen der jüdischen Nation

Der Weg zur endgültigen Lösung der Judenfrage

Karl Friedrich Heman

Das Erwachen der jüdischen Nation
Der Weg zur endgültigen Lösung der Judenfrage

ISBN/EAN: 9783744613613

Hergestellt in Europa, USA, Kanada, Australien, Japan

Cover: Foto ©ninafisch / pixelio.de

Weitere Bücher finden Sie auf **www.hansebooks.com**

Das Erwachen

der jüdischen Nation.

Der Weg
zur endgültigen Lösung der Judenfrage

von

F. Heman.

Basel.
P Kober C. S. Spittlers Nachfolger.
1897.

„The vineyards of Israel have ceased to exist, but the eternal law enjoins the children of Israel still to celebrate the vintage. A race that persists in celebrating their vintage, although they have no fruits to gather, will regain their vineyards."

Lord Beaconsfield.

Pilgermiffions-Buchbruderei auf St. Chrifchona bei Bafel.
10. 1897.

Inhalt.

Corrigenda:

Seite 23, Zeile 4 von oben lies: 400 statt 200.

Seite 40, Zeile 2 von unten lies: **adaptationsfähig** statt adaptionsfähig.

Seite 53, Zeile 11 von oben und Seite 80, Zeile 2 von unten lies: **Maimonides** statt Maimon.

Vorrede.

Es sind volle fünfzehn Jahre, daß der Verfasser eine kleine Schrift „Die religiöse Weltstellung des jüdischen Volkes" hat erscheinen lassen, welche „den Denkenden unter Christen und Juden" als eine „Gabe zum Frieden" gewidmet war, denn seit Jahresfrist waren damals Christen und Juden durch die zu Berlin aufgeworfene Judenfrage aufgeregt und beunruhigt. Schon in der Vorrede war mit Sperrschrift betont, daß „gründlich, endgültig und befriedigend die Judenfrage von den Juden selbst gelöst werden muß." Es hat fünfzehn Jahre gedauert, bis endlich jetzt faktisch und praktisch die Judenfrage von den Juden selbst in die Hand genommen worden ist. Was man nicht aus freier Einsicht thun wollte, dazu haben die immer gröber werdenden Schläge des Antisemitismus genötigt, und der Zionismus ist der erste Versuch zur Lösung der Frage durch die Juden selbst. Es gereicht mir zur Befriedigung, diesen Anfang zu erleben. In derselben Schrift (Seite 125 und 126) habe ich es beklagt, daß das moderne Judentum den Gedanken einer Rückkehr nach Palästina so sehr perhorresciere, womit es beweise, wie kurzsichtig und niedrig dermalen das Denken dieses Judentums sei. Während alle Zeichen der Zeit darauf deuten, daß Palästina wieder bedeutungsvoll werde, seien nur die Juden dafür blind. Jetzt sind auch den Juden darüber die Augen aufgegangen und sie unternehmen es, das Land ihrer Väter für sich zu reklamieren. So fehlt es dem Verfasser nicht an Verständnis dessen, was die Zionisten wollen und erstreben. Ihre Absichten auch weitern jüdischen und nicht-jüdischen Kreisen verständlich zu machen und zugleich zu zeigen, wie in diesem Streben auch die Bedingungen und Mittel zur Lösung der Juden-frage liegen, das ist der Zweck dieses Schriftchens, dem er bei Christen und Juden eine wohlwollende Aufnahme und Beurteilung wünscht Der Verfasser hat offen und unumwunden seine Ansichten dargelegt und klar und deutlich alle Konsequenzen der jüdisch-nationalen Bewegung zu ziehen versucht. Denn diese Sache bedarf, um bestehen zu können, der unverschleierten Auseinandersetzung und der rückhaltslosen Diskussion in der Oeffentlichkeit; und der Zionismus kann das wohl ertragen; wie sein eigenes Auftreten von Anfang an ein offenes war, so möge auch sein ferneres Vorgehen bleiben.

Manche, besonders christliche, Leser mag es vielleicht eigentümlich berühren und befremden, daß der Verfasser ganz geflissentlich der religiösen Seite der Judenfrage aus dem Wege gegangen ist und in dieser Schrift nur die social-politische Seite besprochen hat. Ich habe es jetzt gehalten wie vor fünfzehn Jahren; da habe ich der Schrift über die religiöse Weltstellung der Juden eine andre vorausgehen lassen: „Die historische Weltstellung der Juden und die moderne Judenfrage", in der auch alles Religiöse bei Seite gelassen wurde. Kein Einsichtiger wird verkennen, daß auch heute durch Vermischung von Politischem und Religiösem kein Nutzen geschafft würde. Wo ich darum jetzt Religiöses berührt habe, wie im letzten Kapitel dieser Schrift, da ist es nur vom social-politischen Gesichtspunkt aus geschehen. Uebrigens ist auch die Entwicklung des religiösen Lebens in den letzten fünfzehn Jahren nicht stille gestanden, sondern hat bedeutende Fortschritte gemacht, dadurch sind auch die Ansichten des Verfassers beeinflußt und wesentlich modifiziert worden. So Gott will, gedenke ich die religiöse Seite der Judenfrage, die durch den Zionismus auch in ein neues Stadium getreten ist, in einer spätern Schrift eben so offen und unumwunden zu besprechen, wie jetzt die social-politische. Hoffentlich wird der Leser aus gegenwärtiger Schrift den Eindruck empfangen, daß sie einzig und allein im Dienste der Wahrheit und aus warmem Interesse für das Wohl des jüdischen Volkes sowohl als auch des deutschen geschrieben ist. Es wäre eine Versündigung an der Größe der vorliegenden Frage, wenn andere Interessen dabei maßgebend wären, als die der Wahrheit allein. Diese nach bestem Wissen und Gewissen zu fördern ist das Streben des Verfassers.

Basel im Oktober 1897.

F. Heman.

Die Thatsache und ihre Bedeutung.

Die Judenfrage ist in ein neues, großes und, wie zu hoffen ist, heilverſprechendes Stadium getreten; es iſt das Stadium, da die Juden ihre Löſung ſelbſt in die Hand nehmen wollen. Damit wäre die Frage in die rechten Hände gekommen, denn die Judenfrage kann·durch niemand anders, als durch die Juden ſelbſt·gelöſt werden. Das iſt außer Frage.

Es hat fünfzehn Jahre ſtets wachſenden Antiſemitismus und ſtets ſich mehrender Verfolgungen gebraucht, um die Juden aus ihrer nationalen Lethargie und ihrer weſteuropäiſchen Kulturſeligkeit aufzurütteln und ihnen den ganzen Jammer ihrer Lage zum Bewußtſein zu bringen, und auch jetzt halten viele, die von der Ungunſt der Zeit noch nicht im eignen Wohlſein geſtört wurden, das Erwachen des jüdiſchen Volks= geiſtes für übelangebracht und gefährlich. Aber die Bewegung iſt im Fluß. Die Herzen der Jugend ſind davon ergriffen, die Idee wirkt kräftig. Die Sache iſt nicht rückgängig zu machen, wie ſie auch ausfallen mag.

In den 1800 Jahren, ſeit die Juden in der Verbannung und Zerſtreuung leben, iſt ihnen noch nie der Gedanke ge= kommen, daß ſie ſelbſt etwas zur Verbeſſerung ihrer Lage thun könnten, oder gar, daß die Rückkehr in ihr Heimatland von ihnen ſelbſt könnte ausgeführt werden. Das furchtbare Ereignis der Zerſtörung Jeruſalems und der Wegführung in

die Fremde hat einen so tiefen, unauslöschlichen, herabstimmen=
den Eindruck auf die jüdische Volksseele gemacht, daß das Ge=
fühl nationaler Würde und Kraft gänzlich in ihnen erstarrte
und verschwand.

Wohl fühlten sie sich immer als ein besonderes Volk,
das einen andern Gott, andre Gesetze und Sitten, eine andre
Vergangenheit und Gegenwart habe, als alle andern Völker,
und auch die Hoffnung einer bessern, allen Jammer der Gegen=
wart vergütenden Zukunft erlosch nie in ihren Herzen, aber
sich eigenmächtig und selbstthätig gegen das Elend, unter dem
sie die Jahrhunderte hindurch seufzten, aufzulehnen, ihre Ge=
schicke selbst in die Hand zu nehmen, ihres Glückes eigener
Schmied zu sein — der Gedanke kam ihnen niemals. Wie
die Schafe, die keinen Hirten haben, ließen sie sich verjagen,
verfolgen, hinschlachten und haben nie eine Hand dagegen er=
hoben und kaum gedacht, daß es anders sein könnte. Sie
haben wohl gejammert und gebetet, aber kraftlos ihrem grau=
samen Geschick sich gefügt. Zu tief, mit blutigen Striemen,
war es der jüdischen Volksseele eingeprägt, daß sie selbst sich
zu helfen nicht im stande seien.

Aber alle warteten auf einen Retter in der Not, auf
einen Erlöser aus dem Elend des Golus, auf einen Messias
des Heils und der Rückführung nach Jerusalem. Alle Tage
beteten sie um sein Kommen; bei jedem Passahfest trösteten
sie sich mit dem Hoffnungswunsch: Das nächste Jahr in Jeru=
salem! Immer eifriger und strenger hielten sie auf ihre Ge=
setze, denn wenn ganz Israel auch nur einen Tag alle
Gesetze hielte, würde der Messias kommen und sie im Triumph
nach Jerusalem zurückführen. Aber ehe er da sei, könnten
sie nichts thun als beten, das Gesetz studieren und alle seine
Satzungen erfüllen; das stand allen Juden fest. Plötzlich,
wie vom Himmel herab, werde er kommen und da sein zu

aller Freude und Wonne. So war sogar ihre Messiashoff=
nung ein Grund ihrer Lethargie!

Ihr Messiasideal war eben ein falsches geworden, ein
phantastisch überirdisches und doch wieder irdisch materielles.
Wer da weiß, wie das biblisch prophetische Messiasbild und
die Messiaszeit von Talmud und Midrasch und Kabbala
märchenhaft ausgeschmückt, fabelhaft verzerrt, phantastisch über=
spannt worden ist, den kann es nicht wundern, daß diese
Messiashoffnungen nur ein quietistisches Sehnen, ein energie=
loses Harren und resigniertes Abwarten zur Folge hatten.

Wer auf einen solchen Messias wartet, wie Talmud und
Midrasch ihn malen, in dem kann der Gedanke gar nicht auf=
kommen, sich selbst zu helfen, der hat keine Ahnung, daß nur
dem, der sich selbst hilft, Gott helfen wird

Das falsche Messiasideal mußte daher erst erbleichen
und aufgegeben werden, wenn auch nur die Möglichkeit ent=
stehen sollte, daß Israel aktiv und selbstthätig in den Gang
seiner Geschichte eingreifen wolle. Kein Wunder, daß die=
jenigen, welche das nationale Panier entrollen und an der
Spitze der nationalen Bewegung stehen, keine Talmudjuden
sind, sondern modern gebildete Männer, die den alten Juden
als Ungläubige und Freigeister erscheinen; kein Wunder auch,
daß sie klug und besonnen alles religiöse ihrem Programm fern=
halten. Jetzt also, nachdem den falschen Messiashoffnungen
wenigstens von denen der Abschied gegeben ist, welchen die mo=
derne Kultur und Bildung zu eigen geworden ist, jetzt ist der
Moment da, wo die wirklich messianische Zeit anbrechen kann.

Es gehört mit zu den großen Zeichen der Zeit, daß auch
in Israel das Nationalitätsbewußtsein erwacht und nach Ver=
wirklichung seiner Idee trachtet. Die nationale Idee beherrscht
die ganze Völkerwelt in ganz auffallend wunderbarer Weise.
In Europa zwar entstund sie am Anfang unsers Jahr=

hunderts als Rückschlag gegen die kosmopolitischen Ideen der
französischen Revolution. Das allgemeine Menschheitsideal,
das die französischen Revolutionsarmeen in Europa zur Herr=
schaft bringen wollten, war so französisch gefärbt und war den
Revolutionshelden so ʼdentisch mit der Franzosenherrschaft,
daß zuerst im Volk de Spanier, dann im tapfern Volk von
Tirol und am mächtigsten im deutschen Volke die nationale
Idee erwachte und sich gegen den französischen Kosmopolitis=
mus zur Wehr setzte. Seit jenem Augenblick, wo das alte
römische Reich deutscher Nation in Trümmer fiel, bis zur
Gründung des neuen deutschen Nationalreiches, machte das
Nationalitätsprinzip immer siegreicher seinen Rundgang durch
Europa, ja es ergriff auch die orientalischen Christenvölker
bis nach Armenien hinein. Und nun am Ende des Jahr=
hunderts zündet die Idee auch im Herzen der Juden, dem
internationalsten und zugleich dem national gedrücktesten aller
Völker, für welches der Kampf am schwersten sein wird.
Denn alle Völker, die um ihre Nationalität und um die Selb=
ständigkeit ihres Volkstums kämpfen, haben den ungeheuren
Vorteil, daß sie festen, heimatlichen Boden unter den Füßen
haben, daß ihr Kampf nicht bloß ein Kampf um Heimat und
Herd ist, sondern auch ein Kampf auf heimatlichem Boden
und am heimatlichen Herd. Nur die jüdische Nation muß
den Kampf auf Leben und Tod unternehmen mitten unter
den fremden Nationen, in der Zerstreuung über den ganzen
Erdkreis, ohne das naturnotwendige Fundament aller volkstüm=
lichen Kraft. Der jüdischen Nation ist noch das harte Schicksal
auferlegt, sich erst die Grundlage alles nationalen Lebens, das
Heimatland, das Mutterland zu gewinnen. Es ist ein un=
geheures Wagnis, ein Schauspiel, das die Weltgeschichte bis=
her noch nicht gesehen hat: ein Volk achtzehn Jahrhunderte
lang zerstreut, über alle Weltteile verbreitet, ohne Heimat,

ohne König, ohne Fürsten, ohne gemeinsamen Altar, ohne gemeinsames Heiligtum (denn das alles ist ausgerottet, zerstört, liegt in Trümmern), und dieses Volk wird ergriffen von der großen Idee, eine einige Nation auf einigem Boden mit einigem Heiligtum und einiger Sprache zu werden! Das zu wagen, dazu gehört eigentlich mehr als menschlicher Mut, dazu gehört, wenn's gelingen soll, Gottvertrauen; das erfordert mehr als menschliche Kraft, das erfordert göttlichen Beistand; dazu bedarf es mehr als menschlicher Mittel, dazu bedarf es erstaunlicher Ereignisse! Wer die Lage des jüdischen Volkes kennt und in Erwägung zieht, den wundert es nicht, daß dieses Volk sein Schicksal so viele Jahrhunderte hindurch in dumpfer Ergebung getragen hat; das ist ein viel größeres Wunder, daß jetzt ein nationaler Lebensfunke in ihm aufblitzt.

Nachdem einmal unter den Juden das Nationalitätsbewußtsein geweckt und am Erwachen ist, wird die Bewegung nicht mehr unterdrückt werden können. Es wird nur die Frage sein, ob sie recht durchgeführt wird. Sie wird die Millionen Juden Rußlands, Rumäniens, Österreichs, Amerikas mit überwältigender Macht ergreifen und die deutschen Juden, die wohlsituierten, behaglichen, die sogenannten Assimilationsjuden, jetzt noch unter Leitung ihrer Rabbiner und Bankiers, werden am Ende doch nicht zurückbleiben können; sie werden von der Jugend nachgerissen werden. Denn von allen Ideen zündet keine so leicht im Herzen der Jugend, wie die Nationalitätsidee.

Der Gedanke, daß die Juden eine eigene Nation in eigenem Land bilden könnten, so gut wie andre Nationen im ihrigen, und daß sie selbst dies Ziel erstreben mußten, — diesen Gedanken zuerst zu fassen und seine Realisation für möglich zu halten, war viel schwieriger, als es ist, ihn zu verbreiten. Der Mut dieses Denkens wirkt ja ansteckend, un=

willkürlich begeisternd eben durch seine Größe und Kühnheit. Ist nur der erste Funke entzündet, so greift die Flamme von selbst um sich in den Herzen der leicht entflammbaren Jugend. Würden nun die rechten Männer an die Spitze treten, Männer, welche der ungeheuren Aufgabe gewachsen wären, dann würde diese Bewegung von ganz außerordentlicher, epochemachender Wichtigkeit sein. Es wäre ein Ereignis allererten Rangs am Ende dieses Jahrhunderts.

So unbedeutend an sich Staaten wie Griechenland, Ser= bien, Rumänien, Bulgarien sind, so konnte ihre Bildung doch nicht ohne mehr oder weniger gewaltsame und erschütternde Bewegungen geschehen und hat die Großstaaten sogar meist zu schweren Verwicklungen, ja opferreichen Kriegen geführt. Das Schicksal Österreichs, ein kleines Europa, hängt ab von der Lösung seiner vielen, vielen Nationalitätsfragen. Nun ist es zwar absolut ausgeschlossen, daß die jüdische Nationalitäts= bewegung auch nur zu politischen Verwicklungen, geschweige zu Revolution und zu Kriegen führen könnte, und zwar schon des= wegen, weil den Juden eben der notwendige Rückhalt, das eigene Land, fehlt, um gewaltsam und provokatorisch vorzugehen. Die Nationalitätsbewegung wird ganz anders als bei allen andern Nationen verlaufen, ganz friedlich und ohne Störung des kulturellen Lebens der Völker, aber sie wird deswegen nicht weniger bedeutsam und folgereich für die Weltgeschichte sein.

Die jüdische Bewegung könnte nur dann zu politischen Verwicklungen, Aufständen, Unruhen und Kriegen führen, wenn die Juden entweder wo sie in kompakter Masse in einem Lande wohnen, wie z. B. in Rußland, Anspruch auf das Land, das sie bewohnen, machen und da politische Selbständig= keit für sich fordern wollten. Die drei Millionen russischer Juden machen aber durchaus keinen Anspruch auf die Pro= vinzen Rußlands, wo sie jetzt zusammengepfercht sind und es

fällt ihnen gar nicht ein, etwa, wie die Polen, nationalpoli=
tische Selbständigkeit von Rußland zu fordern. Im Gegen=
teil, sie wären ebenso froh, Rußland verlassen zu können, als
die Russen sie gerne fortziehen sähen, und so ists überall in
der Welt. Die Juden sind in der Zerstreuung immer fried=
liche, treue und gehorsame Unterthanen gewesen und werden
dies in jedem Land bleiben, solange sie darin wohnen.
Für Realisierung ihrer Nationalidee sind und werden sie
immer auf friedliche Mittel zu günstigen Zeiten angewiesen
sein. Eben dadurch wird sich die jüdische Nationalbewegung
von denen aller andern Völker unterscheiden, daß ihretwegen
kein Staat sich zu beunruhigen braucht und keinerlei politische
Verwicklungen der Staaten untereinander daraus entstehen
werden. Ganz von selbst und ohne Mitwirkung der Juden wird
sich die Situation im Orient und in den europäischen Staaten
so gestalten, daß einerseits die Völker froh sein werden, in
ihren Ländern der Juden und ihrer Konkurrenz los zu werden
und andrerseits die Weltmächte es als eine glückliche Lösung
eines schwierigen Problems begrüßen werden, wenn sich in
Palästina ein jüdischer Staat bilden wird und wenn die Juden
bereit sind, dort solchen Staat zu gründen.

Die jüdische Nationalbewegung ist darum politisch ganz
ungefährlich, weil es sich für die Juden dabei nur darum
handeln kann, sich für jenen Moment innerlich und äußerlich
vorzubereiten, um jene Aufgabe zu übernehmen und auszu=
führen, welche die Fürsten und Völker ihnen zuteilen werden.
Die jüdische Bewegung ist keine revolutionäre, hetzerische, auf=
wiegelnde, Intriguen spinnende Bewegung, sie richtet gegen
keinen Staat und kein Volk ihre Spitze, sondern sie ist und
muß sein eine innere Sammlung, eine geistige Wiedergeburt,
die Zurüstung für den Eintritt in ein neues Lebensstadium
der jüdischen Nation, wenn die rechte Stunde schlägt.

Gleichwohl würde dies ein eminentes Ereignis sein, wenn das historische Leben der Völkerwelt durch eine so eigenartige Nation, wie die jüdische ist, bereichert würde und ein neues Element in die Reihe der Weltvölker einträte.

Zunächst hätte es seine Bedeutung für die Juden selbst, die fast zweitausendjährige politische Entmündigung und moralische Erniedrigung hat das geistige Leben dieses Volkes zersplittert. In Rußland beherrscht noch die talmudische Weltanschauung die Masse der Juden und ihre geistigen Führer; in Deutsch= land ist deutsche Kultur und Bildung ihnen schon so in Fleisch und Blut übergegangen, daß sie, trotz dem Widerspruch der Germanen, sich mit aller Gewalt als Deutsche gerieren; in Frankreich unterscheiden sie sich in keiner Beziehung, auch geistig nicht, von den Angehörigen der grande nation und in England fühlen sie sich auch geistig wie daheim. Werden nun die Juden aller Welt sich zu einer Nation verschmelzen, wie sie es ihrem Naturtypus und ihrer alten historischen Vergangenheit nach sind, dann wird sich unter ihnen ein ein= heitlicher geistiger Charakter entwickeln, eine gemeinsame Denk= weise, vielleicht auch wird ihre alte, schöne Sprache wieder aufleben und wird sich ein lebendiges Neuhebräisch bilden, das sich an Fruchtbarkeit und Schönheit mit dem Neugriechischen wird messen können. Es wird ein gründlicher Umschwung und großartiger Aufschwung des jüdischen Geisteslebens entstehen, ähnlich wie nach dem Auszug aus Ägypten oder nach der Rückkehr aus Babel. Denn nichts ergreift tiefer und gestaltet gründlicher den Volksgeist um, als wenn ein Volk aus Erniedrigung zur Freiheit, aus der Zerstreuung zur Einheit kommt und aus der Desorganisation zur socialen und politischen Organisation gelangt. Wahrlich dem jüdischen Volk könnte kein größeres Glück, kein erwünschteres Ziel, kein hoffnungsreicherer Segen zu teil werden: die Wiederaufer=

stehung eines national und politisch Toten zu neuem Dasein,
Leben und Wirken!

Aber nicht geringer wäre der Segen für die übrigen
Völker. Das jüdische Volk verfügt über ein unendlich reiches
Geisteskapital. Sie haben es schon einmal in unserem Jahr=
hundert bewiesen. Als im Lauf unseres Jahrhunderts den
westeuropäischen Juden die Fesseln abgenommen wurden, da
haben sie aufs glänzendste gezeigt, daß auch die erniedrigendste
Behandlung und Knechtung ihre großen und vielseitigen Geistes=
anlagen nicht zu unterdrücken im stande gewesen sind. Man
mag von den Juden denken, wie man will, das Zeugnis wird
ihnen niemand versagen können, daß sie in wenig Jahrzehnten
das Menschenmögliche geleistet und sich aus dem Staube
ohnmächtiger, zertretener, kultur= und bildungsarmer Parias
auf die Höhe unserer Künste und Wissenschaften und vielfach
sogar an die Spitze der wichtigsten Geschäfte zu stellen ver=
mocht haben. Kein andres Volk wird ihnen das gleichthun
können, wenigstens ist es beispiellos in der Weltgeschichte.
Dies Schauspiel der mächtigen geistigen Erhebung eines ver=
kümmerten Volkes in so kurzer Zeit unter dem Haß aller
übrigen Völker ist objektiv betrachtet Bewunderung und Sym=
pathie erweckend und für jeden Psychologen äußerst interessant,
für den Menschenfreund sogar wohlthuend und erfreulich.
Eins freilich war nicht zu vermeiden. Weil diese westeuro=
päischen Juden sich eine große und hohe, aber ihnen eigent=
lich heterogene Kultur aneignen mußten, so sind sie zwar
ausgezeichnete Schüler und Lehrlinge der modernen Künste
und Wissenschaften geworden, und manche von ihnen haben
die obersten Plätze mit Auszeichnung erlangen, aber man
hat ihnen mit einem gewissen Recht vorgeworfen, daß auch
ihre berühmtesten Namen nichts Originelles geleistet, in Kunst
und Wissenschaft keine neuen Bahnen eröffnet hätten. Das

ist natürlich und gar nicht anders möglich. So lange die
Deutschen von den alten Lateinern oder den modernen Fran=
zosen zu lernen hatten, producierten sie auch keine originalen
Schöpfungen. Das kam erst, als in den Deutschen das National=
gefühl erwachte und sie nach ihrer Natur empfinden und denken
lernten. Schließen sich die Juden zur einheitlichen Nation
zusammen, wurzelt ihr Denken und Leben im heimischen
Boden, dann wird gewiß und naturgemäß der Quell ihres
Geisteslebens neu sprudeln und in originalen Schöpfungen
sich ausprägen, die ihren Anlagen entsprechen und ihrer Ver=
gangenheit würdig sein werden. Die Weltkultur wird durch
ein neues, originales Element bereichert werden. Schon aus
rein humanem Interesse muß jeder Menschenfreund die na=
tionale Bewegung unter den Juden mit Freuden begrüßen.
Nur gehässiger Neid und blöde Mißgunst könnte den Juden,
diesem ältesten aller lebenden Kulturvölker, es versagen und
die Möglichkeit abschneiden wollen, der Kulturkette der Mensch=
heit einen neuen Ring zuzufügen. Der Geist der Juden,
wurzelnd in den ältesten Traditionen des Menschengeschlechts,
befruchtet durch die manigfaltigen Erzeugnisse der Neuzeit,
geschult durch den harten Kampf um Leben und Existenz,
hineingestellt zwischen Orient und Occident wird eine Kultur
producieren so eigenartig, wie der Boden und das Klima
ihrer neuen und doch uralten Heimat.

Aber auch social und politisch kann das Eintreten der
Juden in die Reihe der Weltvölker von den wohlthätigsten
und weitreichendsten Folgen sein.

Es ist unleugbar, daß ein eigentümlicher Zug und Drang
nach Osten je länger je mehr die europäischen Völker beseelt.
Nur das Elend und die Not treibt die Armen und Gedrückten
gezwungenerweise nach dem Westen der neuen Welt; der höhere
Zug der Politik, des Handels, der Kultur, geht entschieden

nach Osten. Englands Weltpolitik dreht sich um die Herr=
schaft im Osten. England weiß, daß es in den Bergschluchten
Afghanistans um seine Weltstellung kämpft. Frankreich und
Italien suchen sich nach dem Morgenland hin auszudehnen.
Österreich drängt nach Südosten. Rußlands gesundeste Kraft
zeigt sich in Asien. Indien, China, Japan sind mit dem
Westen Europas in den lebendigsten, geistigen, kommerciellen,
politischen Verkehr getreten. Je inniger dieser Verkehr wird,
desto größere Bedeutung erlangen die östlichen Länder des
mittelländischen Meeres. Mit eifersüchtigem Auge hütet daher
England den Suezkanal und das persische Meer, denn diese
sind die Schlüssel seiner Weltmacht im Osten und Westen.
An den Gestaden des Bosporus intriguieren alle Großmächte
Europas um die künftige Weltstellung. Alle Zeichen deuten
also darauf hin, daß Palästina und Jerusalem politisch und
kulturell wieder bedeutungsvoll werden. Deswegen plant
England schon lange eine Eisenbahn über Damaskus nach
Mosul, Bagdad und Persien. Die Tragödie in Armenien
hat noch lange nicht ihren Abschluß gefunden. Die orienta=
lische Frage hat sich bereits zur großen europäisch=asiatischen
Weltfrage erweitert und das Geschick der Türkei und des
Sultans wird sich wohl ganz wo anders entscheiden, als auf
der Balkanhalbinsel und in Konstantinopel. Aber wie auch
diese Entscheidung ausfallen mag, Palästina wird eine Be=
deutung gewinnen, wie es solche noch nicht gehabt hat. Es
wird für die Weltmächte das, was die Schweiz für die Groß=
mächte Europas ist. Für jede der vier Grenzmächte der
Schweiz wäre der Besitz dieses Landes ein die Nachbarn be=
ständig bedrohendes Ausfallthor und erst recht bei einer Zer=
teilung desselben. Der Bestand und die Neutralität der
Schweiz ist eine unumgängliche Notwendigkeit für den Frieden
Europas, weswegen England so gut wie Rußland am unge=

schmälerten und neutralen Bestand der Schweiz ein schwer=
wiegendes Interesse haben. Genau so ist die Lage Palästinas
zwischen den drei großen Weltteilen. Welche Mächte auch
Kleinasien, die Euphratländer und Ägypten besitzen mögen,
keine wird der andern Palästina gönnen dürfen ohne in ihrem
Besitz bedroht zu sein. Mit Naturnotwendigkeit wird hier
eine zweite Schweiz entstehen müssen. Die jetzigen Bewohner
des Landes sind aber in keiner Weise fähig weder einen selb=
ständigen Staat zu bilden, noch die Aufgabe zu erfüllen, die
solchem Staate notwendig zufiele, nämlich seine Neutralität
aufrecht erhalten zu können. Die Weltmächte werden froh
sein, wenn ein so lebensfähiges, geistig so regsames Volk, wie
die Juden sind, das Land in Besitz und Bearbeitung nehmen
wird. Es kann noch so kommen, daß die Weltvölker nicht
bloß die nationale Bewegung der Juden betreffs ihres Heimat=
landes begünstigen, sondern daß sie allesamt thätig mithelfen,
die Juden dorthin zu bringen. Die Juden werden nicht nötig
haben, ihr Land mit Waffengewalt in Besitz zu nehmen, kein
Tropfen Bluts wird darum vergossen werden, sondern ihre
Rückkehr wird friedlich unter Zustimmung, Schutz und Mit=
hilfe der Weltvölker vonstatten gehen, nur daß sie dann selbst
sich im Besitz zu erhalten die Aufgabe haben werden. Der
neue Judenstaat wäre also ein Friedenselement der Zukunft,
wie die Schweiz es in Europa ist.

Kulturell aber würde den Bewohnern Palästinas eine
noch weit umfassendere Aufgabe zufallen, als die Schweiz sie
hat. Das Schweizervolk besteht aus drei Nationalitäten,
Deutschen, Franzosen, Italienern. Sie vermittelt der Litteratur
und Kunst vielfach den Verkehr dieser drei Nationen unter=
einander. Der Handel vom Süden nach dem Norden und
umgekehrt, vielfach auch zwischen Westen und Osten, geht durch
die Schweiz; sie ist der Sammelplatz, wenn die europäischen

Völker sich etwa auf neutralem Boden ein Stelldichein geben wollen, um friedlich über Dinge des Friedens zu beraten. Die Juden Palästinas aber hätten die Aufgabe, Kultur und Handel zwischen Occident und Orient zu vermitteln; Europa, Asien und Afrika würden sich hier die Hand reichen. Dazu gehört ein Volk, das so international und so anpassungsfähig und doch zugleich so eigenartig und in sich selbst bestimmt wie die Juden ist.

Aber ein andres darf auch nicht übersehen werden. Die Judenfrage nämlich, die jetzt die Völker, unter denen Juden leben, so aufregt, würde aus der Welt geschafft sein. Am schlimmsten liegen die Verhältnisse in Rußland mit seinen drei Millionen Juden. Auf die Provinzen des früheren Polen= reichs und Kleinrußlands beschränkt, leben sie hier in drückendster Armut. Der Landerwerb ist ihnen verboten; die kleinen Hand= werke sind teils schon von ihnen besetzt; da bleibt ihnen nur der Schacher. Die Niederlassung in den eigentlich russischen Landen ist ihnen untersagt und die Mißachtung dieses Ver= bots hat je und je ihre Austreibung nach dem Westen zur Folge gehabt. Die Verhältnisse in diesen Westprovinzen können nur dann gesunde werden, wenn der jüdischen Übervölkerung ein Ende gemacht wird. Zu dem Zweck sollte das Land um mindestens eine Million Juden erleichtert werden. Eine solche Menge kann in unsrer Zeit weder gewaltsam vertrieben noch tot geschlagen werden. Ihr allmählicher Abfluß nach Palästina wäre für Rußland die größte Wohlthat.

Anders liegt die Judenfrage in Deutschland. Es hat nur etwa 600,000 Juden, die in den Städten vom Handel leben, die meisten in anständiger Wohlhabenheit, eine Minder= heit als Großkaufleute, Bankiers und Fabrikanten; auch an jüdischen Anwälten, Ärzten und Künstlern fehlt es nicht. Ihrer aller Wohlhabenheit ist so groß, daß ihre Kinder einen ganz

unverhältnismäßigen Procentsatz in den höheren Bildungs=
anstalten einnehmen. Während im dritten und vierten Jahr=
zehnt unsers Jahrhunderts es außer den privilegierten Hof=
und Schutzjuden nur arme jüdische ländliche Hausierer, kleine
Geldverleiher und Geschäftsvermittler in Deutschland gab, so
wohnen sie nun alle in den Städten, konkurrieren mit den
Kaufleuten aller geschäftlichen Branchen und sind meist so
wohl situiert, daß sie auf Eintritt in die Magistrate, Beam=
tungen und höheren Gesellschaftskreise Anspruch machen können.
Seit diese Juden die deutschen Schulen und den deutschen
Militärdienst durchmachen, kann es auch gar nicht anders sein,
als daß sie sich auch mehr oder weniger als Deutsche fühlen,
und daß sie, die Religion ausgenommen, auch gerne als gute
Deutsche möchten angesehen und behandelt sein. Dies sind
die Assimilationsjuden, denen es im zweiten und dritten Glied
auch nicht mehr darauf ankommt, ihre Nachkommen christlich
taufen zu lassen. Aber das deutsche Volk denkt und fühlt ihnen
gegenüber ganz anders. Die Rasse sowohl ist ihm antipatisch,
als ihm auch der neue Konkurrent auf allen Lebensgebieten
lästig und verhaßt ist. Daher je assimilationsfähiger und be=
gieriger die Juden werden, um so mehr schwillt der Anti=
semitismus an. Pastoren und Beamte, Schuster und Schneider
— alle geben, jeder in seiner Weise, aber unzweideutig kund:
wir wollen keine Juden unter uns. Es ist ein ziemlich dis=
ciplinierter Antisemitismus, den die Konservativen und Agrarier
hegen, aber er ist intensiv und konstant und möchte allmählich
auf gesetzlichem Weg gegen die Juden vorgehen. Aber es
fehlt alle Möglichkeit, die Emanzipation, d. h. die sociale und
politische Gleichstellung der Juden mit den Deutschen aufzu=
heben. Es ist also eine ganz verzwickte Situation. Die
Juden wollen um jeden Preis für Deutsche gelten, was sie
doch nie sind; und die Deutschen möchten sie von sich ferne

halten und können es auch nicht. Die einzige Lösung ist, daß man den Juden ihr altes Heimatland giebt. So lange sie kein eigenes Heimatland haben, ist der Staat, in dem sie geboren sind, moralisch und völkerrechtlich verpflichtet, sie zu vollbürtigen Bürgern anzunehmen und als solche zu behandeln. Der Staat hat weder das Recht noch irgend einen andern Grund, die Juden nur als Bürger zweiter Klasse mit beschränkten Rechten zu behandeln. Sie tragen alle Bürgerpflichten, da sollen sie auch alle Bürgerrechte und Ehrenrechte haben, die sie sich erwerben können. Die heimliche Zurücksetzung der Juden, wie sie jetzt üblich ist, ist weder moralisch noch juristisch gerechtfertigt, obwohl, vom deutschnationalen Standpunkt aus betrachtet, vollkommen begreiflich und ein Akt nationaler Notwehr, und Not kennt kein Gebot. Das sind Mißstände, die beiden Teilen, den Juden und den Deutschen, Anlaß und Grund zu beständigen Klagen, Anschuldigungen und heimlichem und offenem Groll geben, aber diese Mißstände sind nicht zu beseitigen unter gegenwärtigen Verhältnissen, da die Juden keine andre Heimat als ihr jeweiliges Geburtsland haben.

Das wird aber anders, wenn sie in Palästina einen wohlgeordneten, eigenen und selbständigen Staat bilden. Dann wird man in Deutschland die Judenfrage gründlich und schiedlich, friedlich ordnen können, ohne irgend jemand Unrecht zu thun oder ungerecht zu bedrücken. Dann kann man auf einen Tag die Juden vor die Option stellen mit der Frage: Wollt ihr Juden sein, Bürger Palästinas? Dann werdet ihr nur die Rechte und Pflichten von Ausländischen, Niedergelassenen bei uns haben und eure Konsuln werden darüber wachen, daß ihr in keinem dieser Rechte gekränkt werdet. Oder wollt ihr ganze volle Deutsche sein? Dann werdet ihr es ganz und voll werden müssen; dann müßt ihr die Beschneidung, das unauslöschliche Merkmal des jüdischen Stammes und der jüdischen Nationalität aufgeben; desgleichen die Speise=verbote, welche euch mit Deutschen zu essen und zu trinken verbieten; desgleichen werdet ihr euch mit den deutschen Toten in gleicher Reihe und nicht an gesonderten Stätten begraben lassen müssen; dann müßt ihr auch den Sabbath aufgeben, der euch hindert, mit den Deutschen zu arbeiten und zu ruhen. Dann sollt ihr aller deutschen Ehren und Ehrenstellen, falls ihr euch würdig zeigt, teilhaftig sein, und dann werdet ihr allmählich euer jüdisches Naturell und Temperament, eure jüdische Körper=Konstitution und Physiognomie verlieren und in der deutschen Rasse aufgehen, und dann seid ihr Deutsche, gegen die wir keine Antipathie mehr hegen. Das wird eine gründliche, zwanglose Lösung der Judenfrage sein, denn es wird in jedes Juden freiem Willen gelegen sein, für das Judentum und die jüdische Nationalität, oder für das Deutsch=tum und die deutsche Nationalität zu optieren. Und die Juden werden optieren, treu und redlich optieren. Nur die inkon=sequenten, deutschtümelnden und doch jüdisch organisierten Rabbiner werden aufschreien und sagen, das involviere Reli=gionszwang; sie wollten beschnittene Deutsche sein und wenig=stens noch den Sabbath behalten, denn das zum mindesten verlange ihre jüdische Konfession (Religion haben sie eigent=lich schon nicht mehr, nur Konfession). Aber man wird ihnen mit vollem Recht erwidern, daß beschnittene Deutsche eben keine ganze und volle Deutsche seien und es sich gefallen lassen müßten, auch in ihren socialen und politischen Rechten be=schnitten zu werden, da ihnen ja die Wahl freistehe, volle und ganze Juden zu sein — und sie werden sich für ihre angeborene jüdische Nationalität, wenn auch etwas ungern, entscheiden.

Die Bedingung zu einer rechtlichen und gründlichen Lösung der Judenfrage, liegt also darin, daß man den Juden zu

inem rechtlichen Staat und geordneten Staatswesen verhilft,
damit die Juden wissen, wohin sie gehören, und damit sie sich
nicht wider Willen der Nationen, in andre Nationen ein=
drängen müssen. Die doktrinären Menschheitsschwärmer im
Anfange unsrer Epoche waren in einem kolossalen Jrrtum
befangen, als sie glaubten, man brauche den Juden nur einen
roten Rock anzuziehen, dann seien sie Franzosen, oder einen
blauen, dann seien sie Deutsche. Zu solchem Umwandlungs=
prozeß gehört noch viel — sehr viel.

Man hat seiner Zeit geglaubt, an die Stelle der Nationen
und Nationalitäten ein allgemeines Weltbürgertum und all=
gemeine Menschenrechte setzen zu können. Das Morgenrot
allgemeiner Freiheit, Gleichheit, Brüderlichkeit glühte nicht
bloß in den Jakobiner=Konventen, sondern zündete in den
Köpfen aller Gebildeten Europas, nicht am wenigsten in Preußen.
Man bestrebte sich allenthalben, nach diesen Jdeen das An=
gesicht Europas zu erneuern, und erhoffte vom Niederreißen
aller alten, in sich überlebten Schranken eine Wiedergeburt der
faulgewordenen Zustände. Jm Namen dieser Jdeen forderte
man auch für die Juden Freiheit und Gleichberechtigung zuerst
in Frankreich, dann in Deutschland und den übrigen Ländern
Westeuropas, und da die Jdeen des allgemeinen Staatsbürger=
tums allmählich in allen Staaten allgemein gültig wurden,
konnte ihnen die Gleichstellung mit den Nationen, unter denen
sie lebten, nirgends auf die Dauer und ohne Jnkonsequenz
und Ungerechtigkeit verweigert werden. Die napoleonische
Willkür in Vernichtung und Neuschöpfung der sonderbarsten
Staatengebilde und der Länderschacher am Wiener Kongreß
brachten es zuwege, daß man in der That völlig vergaß, nur
tyrannische Willkürherrschaften könnten bestehen mit Unter=
drückung allen nationalen Selbstgefühls der zusammenge=
schweißten Völkermassen, und daß dieses System auf die Dauer

2*

zu den größten Schwierigkeiten und Verlegenheiten für die Staatsmänner und das öffentliche Wohl führen würde. Die so ungeheuer tief eingreifenden nationalen Unterschiede schienen völlig bedeutungslos in den Augen der damaligen Staats= männer. Denn die nach Rousseau'schen Menschheitsidealen Gebildeten wähnten durch die moderne Erziehung und Bildung Staatsbürger erziehen zu können, bei denen alle Unterschiede der Herkunft und Natur sich ausgleichen und verwischen würden. — Warum hätten die Juden eines Landes nicht solche Staatsbürger werden sollen? Warum hätten sie als solche nicht auch gleiche Rechte genießen sollen?

Der Irrtum, der aber dabei unterläuft, ist ein gewal= tiger. Erstens identificiert man fälschlich Menschenrechte und Staatsbürgerrechte, und zweitens hält man auf diesem Stand= punkte die einzelnen Staatsbürger in erster Linie für Menschen, als ob das Nationale und Individuelle nur etwas zufälliges, leicht abzustreifendes wäre. Ein Hauptargument in der ersten, bedeutenden Schrift, welche im Ausgange des vorigen Jahr= hunderts in Deutschland zu Gunsten der Gleichberechtigung der Juden erschien, ist das: die Juden seien Menschen, denen die Menschenrechte zukämen, man müsse sie darum ins Bürger= recht aufnehmen und ihnen Gleichberechtigung gewähren. Das erste ist allerdings richtig, aber daraus folgt noch lange nicht das zweite. Auf diesem Standpunkt denkt man sich eben den Franzosen als einen Staatsbürger im roten Rock und den Preußen als einen Staatsbürger im blauen Rock. Man ver= gißt, daß der Jude zuallerst Jude und dann erst Semite und weiter Orientale und erst zuletzt Mensch ist und nicht um= gekehrt. Daß zuerst das Individuelle kommt, daß das die eigenste Natur jedes Sterblichen ist, das verkannten die Doktrinäre und wähnten, das allgemeine, das abstrakte Menschentum sei das erste am Menschen. Das ist aber nirgends so. Auch der

Deutsche ist zuerst ganz speziell Schwabe oder Preuße und dergleichen, dann Germane, dann Arier und zuletzt Mensch. Allgemeine Menschen gibt es ja nicht, sondern immer nur individuelle. Das Erwachen des Nationalgefühls ist die aus der innersten Volksseele stammende Reaktion gegen das kosmopolitische Staatsbürgertum, das immer noch unser Staatswesen beherrscht und auch wieder in den Köpfen der Socialdemokraten spukt.

Von diesem allgemeinen Staatsbürgertum hat niemand größern Nutzen gehabt, als die Juden. Mit Berufung auf ihr Staatsbürgerrecht mußten alle Schranken rechtlich fallen, wenn man sie auch insgeheim widerrechtlich festhielt. Aber die Staatslenker wie die Freunde der Judenemanzipation täuschten sich aufs ärgste, wenn sie meinten, durch Gewährung der Gleichberechtigung würden die Juden sich mit den Deutschen vermischen und in den Deutschen aufgehen. Durch die Jahrtausende lange Abgeschlossenheit ist die jüdische Art und Natur und das jüdische Selbstbewußtsein so spröde geworden, daß sie allen Auflösungsversuchen widerstanden und von jeder Nationalität nur so viel annahmen, als ihnen dienlich und nützlich schien. Die Juden waren nie und sind nie und werden nie gewillt sein, ihre nationale Sonderexistenz gänzlich und für immer aufzugeben. Daran hindert sie ihre religiöse und nationale Vergangenheit, und daß ich es nur gleich sage, auch ihre Zukunft. Wie konnte man sich so arg täuschen, daß man meinte, ein Volk mit solcher Vergangenheit, wie keins der lebenden Völker hat, mit der ältesten und wunderbarsten Geschichtsüberlieferung, mit dem tiefstgewurzelten Bewußtsein, etwas anderes zu sein, als alle andern Völker, erfüllt von der Idee, das auserwählte, erste, einzigartige Volk der Völker zu sein, für das alle andern Völker nur Gojim sind, — das Volk werde um das Linsen-

gericht der Emanzipation seine innerste Seele, sein ganzes
Wesen, seine eigenste Natur, seine Vergangenheit und seine
Zukunft preisgeben! Denn in den wahren, echten Juden,
die auch nur noch einen Funken jüdischen Geistes, einen Tropfen
jüdischen Blutes in sich fühlen, glüht auch noch eine große,
nationale Zukunftshoffnung. Die alten Messiasideale sind
nicht erstorben; sie haben nur ein anderes Aussehen ange=
nommen. Auch die moderneren jüdischen Litteraturprodukte
schwärmen alle vom Zukunftsberuf der Juden. Die Juden
— sogar die deutschtümelnden Rabbiner — sind noch lange
nicht gewillt, in der Weltgeschichte abzudanken und auf eine
besondere Rolle in der Zukunft zu verzichten. Und wer ge=
recht ist, kann ihnen das auch gar nicht verdenken. Denn in
der That, ihre uralten Ansprüche auf die Zukunft sind noch
nicht erloschen; sie haben noch uralte Zusagen ihrer Propheten,
die noch nicht alle erfüllt sind. Aber nur die völlige Unkenntnis
betreffs des jüdischen Volkes und dessen, was in diesem Volk
lebt, konnte in den Irrtum geraten, es würde alles, Ver=
gangenheit und Zukunft, aufgeben um das große Glück, deutsche
oder sonstige Staatsbürger zu werden. Man hat gar nicht
daran gedacht, daß diese gedrückten Schacherjuden so klug seien
und sich der wunderschönen Ideen von Freiheit, Gleichheit,
Brüderlichkeit im allgemeinen Staatsbürgertum nur als eines
willkommenen Sprungbrettes bedienen könnten, um mitten in
die Völker hineinzuspringen und da sich mit allen ihren Sitten
und Gewohnheiten, mit ihrer Denk= und Gefühlsweise, mit
ihren Hoffnungen und Ansprüchen zu etablieren.

Nun ist es doch so gekommen, und die Juden sind nun
in allen europäischen Staaten in einer Zwitterstellung, welche
ihrem Verhalten und Benehmen etwas Unsicheres, Schwan=
kendes, innerlich Unwahres als Stempel aufdrückt. Manche
fühlen es deutlich und sind darüber selbst erschrocken und

schüchtern; manche fühlen es nur undeutlich und das macht sie zudringlich und frech. Sie wollen gute Deutsche sein; sie haben ja die deutschen Kämpfe mitgekämpft, mitgeblutet, ihrer mehr als 200 haben das eiserne Kreuz erster und zweiter Klasse sich tapfer verdient, warum sollten sie keine Deutschen sein? Aber sie fühlen es trotzdem: ihnen ist noch ein besonderes Nationalitätszeichen eingeschnitten; sie wollen doch nicht mit den Deutschen im selben Grab begraben sein; sie haben noch besondere Hoffnungen und Erwartungen für die Zukunft; sie haben andre Denk= und Gefühlsweise, Traditionen und Sitten! Das ist ein bitteres Gefühl! Sie fühlen sich als Juden und wollen doch nicht daran erinnert sein, daß sie es sind. Sie suchen ihr Judentum zu vergessen und könnens doch nicht, selbst wenn sie Jahr aus Jahr ein keine Synagoge mehr besuchen! Das ist ein elender Zustand. Und bei all dem doch überall von den Deutschen zurückgestoßen, verächt= lich angeschaut, mißgünstig zurückgedrängt zu werden, das ist ein Jammer! Der Deutsche aber behält seine Antipathie; es bringt ihn auf, diese fremde Rasse, die doch immer an ihren Sonderheiten festhält, sich gleich gestellt zu sehen, ihre Kon= kurrenz ertragen zu müssen, sich oft von ihnen überholt zu sehen. Diese Unzuträglichkeiten werden immer wieder als un= erträglich empfunden auf beiden Seiten.

Die einzige Lösung dieser Frage, der einzige Ausweg aus diesen Wirrnissen unangenehmster Art, ist die frei= willige Resignation der Juden auf die deutsche Na= tionalität! Ehe sie aber ein Heimatland haben, ein eigenes Staatswesen, das ihnen in der Fremde sichern Halt und vollen Schutz gewährt, können sie weder solche Resignation leisten, noch kann sie von ihnen gefordert werden. Es ist eine psy= chologische Notwendigkeit, daß Einem, der auf etwas, das er besitzt, freiwillig Verzicht leisten soll, etwas andres, mindestens

Gleichwertiges als Ersatz geboten sein muß; sonst ist der Ver=
zicht unmöglich ein freiwilliger. Die Juden werden aber
mit Freude ihre Zwitterstellung aufgeben, wenn sie erst Bürger
ihrer alten, glorreichen Heimat sein können, wenn sie erst die
Achtung und Ehre genießen, Angehörige eines Staatswesens
sein zu dürfen, dem eine große, umfassende Aufgabe wird ge=
stellt sein. Wie der Amerikaner unter dem Sternenbanner
der Union unangefochten seinen Geschäften in Deutschland
oder der Schweiz nachgeht, so wird der Jude, eifersüchtig
auf seine Ehre, ein Jude zu sein, unter dem Schutz des jüdischen
Banners überall in der Welt frei und ungehindert sich nieder=
lassen können. Wer von ihnen aber — und es werden nur
sehr wenige sein — dann doch noch lieber Deutscher sein will,
der wird ganzer und unbeschnittener Deutscher in jeder Be=
ziehung werden müssen und vom Deutschtum absorbiert werden,
daß ihm und seinen Kindern die Juden zu Fremden werden.

Mit solcher Lösung der Judenfrage können Juden und
Deutsche vollkommen zufrieden sein. Aller Grund zu Ge=
hässigkeit und Mißgunst wird beseitigt sein. Deutsche und
Juden werden sich die Achtung zollen, die jedem nach seinem
persönlichen Wert sowohl, wie nach seiner Nationalität gebührt.
Denn leider, so wie die Dinge jetzt liegen, werden auch die
achtungswertesten, liebenswürdigsten Persönlichkeiten, nur weil
sie Juden sind, oft nicht nach Gebühr geschätzt und behandelt.

Auf die Verhälnisse der übrigen Juden, welche in allen
civilisierten Staaten Europas und Amerikas ähnlich liegen,
brauchen wir nicht einzutreten; sie werden sich ordnen, wie
in Deutschland. Das Kaisertum Österreich-Ungarn allein möchte
eine Ausnahme machen, so könnte man denken, weil in Öster=
reich teils Verhältnisse sind, wie in Rußland, man denke an
die Judenmassen in Galizien und der Buckowina, teils wie
in Deutschland, man denke an die Juden in Wien und in

Ungarn und Böhmen. Aber die Lösung ist auch hier gegeben. Wo die Juden in Masse wohnen, wird ein nicht geringer Abfluß nach Palästina stattfinden müssen, und bei den Zurückbleibenden wird Option für Bürgerrecht in Palästina oder für völliges Aufgehen in die betreffende Nationalität statthaben.

Die europäischen Staaten werden aber noch in andrer Weise keine geringe Erleichterung ihrer Geschäfte erfahren. Wie oft schon, wenn ein englischer oder französischer Jude in außereuropäischen Ländern oder Rußland irgend welche Unbill zu erdulden hatte, mußte die englische oder französische Diplomatie einschreiten und es erforderte oft langwierige und unangenehme Verhandlungen; ist es ja schon vorgekommen, daß ein englischer Baronet und Parlamentsmitglied, weil er Jude war, aus Rußland ausgewiesen wurde, und England mußte zu seiner Demütigung es sich noch im Parlament erzählen lassen. Wie oft sind auch schon die Staatslenker dieses und jenes Landes von ihren jüdischen Staatsangehörigen gedrängt worden, für Juden zu intervenieren, die sie eigentlich gar nichts angingen und die in Ländern wohnen, in denen die europäische Diplomatie so viel wie nichts vermag. Es ist nicht angenehm für die betreffenden Gesandten, wenn sie zuerst lange hin und her verhandeln und dann endlich mit Redensarten abgespeist werden, von denen sie doch wissen, daß das Gegenteil in Wirklichkeit geschehen wird. Das ist schon mehr als einmal so gekommen z. B. wegen der Verfolgten in Persien. Das hebt nicht das Ansehen jener Gesandten und ihrer Staaten. Von dem allem werden die europäischen Diplomaten dann entbunden sein, weil es dem jüdischen Staate selber obliegen wird, seine Bürger in Marokko oder Persien zu schützen.

Vor allem aber wäre es ein Gewinn, wenn der alles

sociale und politische Volksleben vergiftende Antisemitismus
zum Schweigen gebracht würde. Jede Partei glaubt den An=
tisemitismus zu ihrem Vorteil verwerten zu können, die einen
setzen den Kampf gegen die Juden in ihr Programm, um
sich beim Landvolk und den kleinen Kaufleuten und Hand=
werkern beliebt zu machen; die andern verwerfen den An=
tisemitismus, um die Juden bei den Wahlen auf ihrer Seite
zu haben. Es würde zur Klärung der Parteien dienen, wenn
die Judenfrage nicht mehr ins Spiel käme. Die Juden
aber werden sich selbst aus dem Spiel ziehen, und die Par=
teien werden sie müssen aus dem Spiel lassen, wenn die
national=jüdische Bewegung so zunimmt, daß wenigstens für
eine frühere oder spätere Zukunft die volle und dauernde
Lösung der Judenfrage in Aussicht steht. Wer es daher mit
unserm Volk wohl meint und die Judenfrage gelöst sehen
möchte in einem Sinn, der beide Teile befriedigt, der wird
die junge Bewegung unterstützen oder ihr wenigstens keine
Schwierigkeiten in den Weg legen dürfen.

Die Judenfrage besteht nun genau seit hundert Jahren.
Alle bisherigen Lösungsversuche haben sie nur verschlimmert,
alle Vorschläge, die bisher gemacht wurden, haben sich als
unpraktisch erwiesen. Lasse man einmal die Juden es unter=
nehmen, diese Frage, die sie so nahe angeht, selbst in die
Hand zu nehmen. Dies war bisher nie der Fall. Gott und
sie selbst werden sie lösen.

Die Männer.

Der Name des Mannes, dem es beschieden war, die jüdisch-nationale Bewegung ins Leben zu rufen, wird schon darum in den Annalen des jüdischen Volkes unvergessen bleiben, weil mit seinem Auftreten eine neue Epoche der jüdischen Geschichte beginnt, eine Epoche, die, wenn sie ihr Ziel erreicht, hinter keiner der glorreichen Zeiten der alten jüdischen Geschichte zurückzustehen verspricht. Es ist Dr. Herzl; wie es bisher den Anschein hat, ist er ein echt jüdischer Mann mit echt jüdischem Herzen; bisher zeugt sein ganzes Auftreten dafür, daß er auch ein Kopf ist, dem es wohl ansteht, das Haupt einer sein Volk begeisternden Bewegung zu sein. Wie er selbst sagt, ist es die Not und das Elend, worin er Millionen seiner Brüder schmachten sah, die ihm zu Herzen gingen, die ihn trieben, auf Abhilfe, Rettung und Erlösung seiner leidenden Brüder zu sinnen. Das Mitleid und die Bruderliebe haben dann in ihm die große Idee geboren, daß die Rückkehr ins Land der Väter die einzige, aber auch ausreichende Hilfe für alle Nöten sei, die sein Volk seit 1800 Jahren betroffen haben; und wiederum die Bruderliebe und das Mitleid waren es, die ihm Kraft und Mut gaben, sein Volk aus seinem nationalen Schlaf aufzuwecken und es zur That aufzurufen. Das sind reine, edle, selbstlose Motive; aus solchen allein sind zu allen Zeiten die großen guten Thaten nur hervorgegangen; jedes andre Motiv wäre nicht bloß unzureichend, sondern geradezu verderblich für ein Werk, wie Dr. Herzl es im Sinne hat. Darum müssen auch ferner alle andern Motive ferne bleiben, wenn ihm und seinen Helfern ihr Werk gelingen soll. Denn sagen wir es nur klar heraus: ein Volk aus seinem Elend erlösen, das ist ein mehr als menschliches, das ist ein göttliches Werk, das erfordert reine Herzen und reine Hände, wenn es zum Segen ausschlagen und nicht Unheil gebären soll. Es ist ein großes, welthistorisches Werk, das unternommen wird, darum müssen die Werkzeuge solchen Werkes allezeit eingedenk sein, daß sie zugleich Werkzeuge der Vorsehung sind, welche die Weltgeschichte leitet und auch der Könige Herzen in ihrer Hand hat und lenkt wie Wasserbäche! Als einst Moses in Ägypten ausging zu seinen Brüdern und sah ihre Last und gewahrte einen Unrecht leiden, da erschlug er den Ägypter. Mit blutbeflecter Hand jedoch konnte er nicht Israels Erlöser sein; in jahrzehntelanger Einsamkeit in der Wüste mußte er vorbereitet werden, um mit reinen Händen sein Werk auszuführen. Möchte die Hand aller derer, die heute am großen Werk der Erlösung Israels mitarbeiten, allezeit rein bleiben von jeglicher Verunreinigung und jeglichem Makel! Mögen die unreinen, selbstsüchtigen Herzen und Hände fern bleiben! Bei solchem Werk, wie dem Dr. Herzls, kommt alles auf die Männer an, die an der Spitze stehen, darum besehen wir uns auch zuerst die Männer, ehe wir von ihrer Aufgabe und Arbeit reden. Am Zionisten-Kongreß, der in den letzten Augusttagen dieses Jahres zu Basel gehalten wurde, haben sie sich der Öffentlichkeit vorgestellt und wahrlich, sie haben die Wichtigkeit des Augenblicks gefühlt, das merkte man ihnen an. Sie wußten, daß von ihrem ersten Auftreten alles abhing, nicht bloß das Urteil der Mitwelt, sondern zugleich die ganze Zukunft des Werkes selbst, sofern es ihr Werk, ihr Unternehmen, ihre Arbeit ist. Und sie haben wenigstens die erste Probe bestanden! Um sich die Freiheit des Urteils zu wahren, hat der Schreiber dieser Linien es vermieden, mit irgend einem der Männer persönliche Beziehungen anzu- knüpfen; sie alle sind ihm auch jetzt noch persönlich fremd; er kennt sie nur aus ihrem Auftreten und Reden; um so objektiver dürfte sein Urteil sein.

Da ist nun zuerst zu sagen, daß die leitenden Geister alle den Eindruck machten von Männern, die besonnen und überlegt wissen, was sie wollen. Sie scheinen weder phan- tastische Tollköpfe, die, von ihren Projekten erhitzt, mit dem Kopf an alle Wände anrennen, noch sind es Existenzen, die nur zu gewinnen, nichts zu verlieren haben, sondern sie scheinen Männer, fest und bestimmt, maßvoll und würdig, ernst und kraftvoll im Wollen und Reden, erfüllt vom Be- wußtsein, eine leidende Nation zu vertreten und verantwortlich zu sein für das, was sie im Namen und zu Gunsten dieser Nation reden und thun. Es wird niemand sie gehört haben, ohne daß sie ihm Achtung abgewonnen haben.

Sie sind auch alle durch die Wissenschaften unsrer Zeit wohlgebildet und stehen auf der Höhe modernen Denkens, wie denn die ganze Bewegung auf den Universitäten ihren ersten Anfang nahm und unter den Studenten ihre ersten begeisterten Anhänger fand. Diese Männer scheinen daher auch recht wohl im stande zu sein, die treibenden Kräfte unsrer Zeit zu verstehen, die Lage und die Bedürfnisse ihres Volkes richtig zu beurteilen und wie erreichbare Ziele so auch gang- bare Wege und förderliche Mittel auffinden zu können. Sind sie durch ihre Bildung und ihre Lebensanschauung nicht in der Enge des Geistes zurückgeblieben und sind sie frei von den kleinlichen Schranken des talmudischen Judentums, in dem

die großen Massen der russischen Juden noch befangen sind,
so gehören sie doch nicht zu den Doktrinären, die mit der
Geschichte brechen und mit allem bisher Ehrwürdigen auf=
räumen wollen, um die Welt nach ihren neuesten Ideen und
nach eigensten Grundsätzen neu einzurichten. Deshalb wenn
auch der eine oder andre von ihnen in religiöser Hinsicht sich
bisher die Mühe gab, nicht bloß für einen Freigeist zu gelten,
sondern ein solcher wirklich zu sein, so findet ein schärfer
Beobachtender doch bald die Schwächen und Halbheiten dieser
ihrer Freigeisterei heraus. Mit der Freigeisterei ist es ja über=
haupt eine seltsame Sache. Wo fände sich ein Mensch, der
wirklich so frei wäre von Gott und Religion, daß nicht nur
im äußeren Leben und Treiben, sondern im innersten Herzens=
grund und in all seinem Gedankenleben ihm Gott eine gänzlich
abgethane Sache wäre und in dem das Gottesbewußtsein nicht
noch wenigstens als ewig quälender Stachel zurückgeblieben?
Unsre Gegenwart scheint nur Einen der Art zu besitzen und
den hat das Experiment zugleich den Verstand gekostet! Aber
die Freigeisterei steht vollends dem Juden wie etwas Ge=
machtes, Angenommenes; sie ist nur die Maske seiner reli=
giösen Unbefriedigtheit; der Jude ist immer nur irreligiös
aus Religion, genau so wie er alles dran setzt, um National=
deutscher, Nationalfranzose, Nationalmagyar zu sein, weil er
bisher seiner eigenen Nationalität nicht froh werden konnte.
Wie manche Juden aus politischer Unzufriedenheit Revo=
lutionäre und Socialdemokraten wurden, so werden sie auch
Freigeister aus Unzufriedenheit mit ihrer eigenen Religion,
aber die unausrottbare, hereditäre Sehnsucht nach wahrer
Religion bleibt der wunde Punkt ihres freien Geistes! So
dürfte die Freigeisterei dieser Männer zu taxieren sein. Wenig=
stens schienen da und dort sogar bei Max Nordau dafür An=
zeichen zu Tage zu treten. Die Herren haben am Kongreß

wohl auch in dieser Hinsicht ihre Erfahrungen gemacht und manches gelernt. Es sind gewiß auch unter den jugendlichen Mitgliedern desselben noch manche derartige Freigeister ge= wesen, und geflissentlich wurde ja Gott und Religion aus dem Spiel gelassen, aber dennoch! wenn auch nur eine Anspielung auf ein Wort ihrer Bibel und ihrer alten Propheten gemacht wurde, und das kam unzählige Male vor — welch phrenetischer Beifallssturm brach dann los! Wer fühlte es und merkte es nicht, daß in all diesen Herzen ein tief religiöser Sinn lebt, und daß hier ein Quell im verborgenen Geistesgrund sprudelt, der noch einmal hell und klar und fruchtbar aus Licht treten wird? Daß diese Herren mit den Auswüchsen und dem Aberglauben, der so vielfach mit dem talmudisch=kabbalistisch= chassidischen Judentum verquickt ist, gründlich gebrochen haben, das ist ja notwendig, gerecht und wohlgethan — aber sie selbst sagen, daß sie mit der Geschichte nicht brechen wollen, und ihre Religion ist ihre Geschichte und der Kongreß hat sie be= lehrt, welch ein wichtiger Faktor der religiöse Geist bei jedem idealen und zugleich das Schicksal der Menschen beeinflussenden Unternehmen ist. Was wir den Herren wünschen, die die leitenden Geister der Bewegung sind, ist das, daß sie die Freiheit des Geistes gegenüber allen bisher geltenden Formen ihrer Religion energisch festhalten, wissend, daß mit der ge= waltigen Regeneration, vor der ihr Volk steht, auch eine Re= generation seiner Religion unabweisbar verbunden sein muß und sein wird, daß sie aber eben so energisch feststehen auf dem uralten, unerschütterlichen Fundament ihrer Religion, wie dieses niedergelegt ist in ihrer Bibel, die das Religions= buch aller civilisierten Völker des Erdkreises geworden ist. Wir halten es aber für eine gnädige Schickung der Vorsehung, daß so freidenkende Männer an die Spitze der Bewegung getreten sind, die behutsam und besonnen alle religiösen Fragen beiseite ließen, weil dadurch geschickt das erreicht wurde, was nötwendig ist, nämlich daß in keiner Weise der religiösen Entwicklung ihres Volkes, die die Zukunft bringen wird, vorgegriffen worden ist.

Einen großen andern religiösen Erfolg aber hat eben dadurch der Kongreß schon erreicht. Durch das Judentum der Gegenwart ging nämlich ein gefährlicher Riß geistiger Art, der die osteuropäischen und orientalischen Juden von denen des Westens schied. Die Emanzipation der westlichen Juden hat naturnotwendig bei ihnen auch zu einer geistigen Emanzipation von der Herrschaft des talmudischen Judentums geführt. Es trat ein sonderbares Reformjudentum auf, das die jüdische Religion, wie sie im Exil und im Ghetto sich gebildet hat, nach den Anforderungen moderner Kultur und Bildung ummodeln wollte. Je nach dem Maß der Aufklärung, die die deutschen Rabbiner besaßen, ging man mehr oder weniger weit in der Abschaffung des Alten, und was man dafür einführte, war verjübelte Nachahmung christlicher Einrichtungen: Orgel, deutsche Gebete, Gemeindegesang, Talar des Rabbiners; dieser selbst war nicht mehr Wächter der Gesetzesbeobachtung, er wurde Prediger und Seelsorger, wobei die Gemeinden lebten, wie sie wollten. Von diesem Zwitterding wollten natürlich die Juden des Ostens nichts wissen. Diese schwächliche Konnivenz gegen ihre Umgebung kann niemand als eine wirkliche geistige Wiedergeburt, als einen wahren geistigen und religiösen Fortschritt anerkennen. Christen und Juden konnten darin nur einen Verfall des Judentums erblicken. Daß solche Halbjuden keine national-jüdische Bewegung hätten hervorrufen können, selbst wenn sie den Willen dazu hätten, ist natürlich.

Aber ebenso selbstverständlich ist es, daß solche Bewegung nicht von seite der sogenannten Orthodoxen, den An-

hängern; des Alten ausgehen konnte; denn ihnen fehlte jeg=
liche Initiative; sie waren ja in dem Gedanken befangen, daß
sie eben im Golus sein und bleiben müßten, bis der Messias
komme und daß sie immer fester am Alten halten müßten,
damit Er komme. Das erlösende Wort konnte nur von
solchen gefunden werden, die weder orthodoxe noch reformer=
ische Juden sind, sondern beiden Richtungen objektiv gegenüber
stehen.

Aber diese freisinnigen Juden, die auch lokal mitten
zwischen zwei Parteien hineingestellt sind, denn in Österreich
und Wien stoßen beide Parteien hart aufeinander, haben nun
eine Brücke geschlagen zur Vereinigung beider, indem sie ein
Ziel in den Vordergrund stellen, das beiden Parteien zum
Ideal werden kann, auf das beide sich vereinigen können, das
aus den Juden aller Welt eine geistige Einheit zu machen
vermag. Das ist ein wahrer Fortschritt. Und die Juden des
Ostens, die bedrängten, verfolgten, im Elende schmachtenden,
folgen mit überwältigender Begeisterung der neuen Fahne,
während die im Westen, besonders in Deutschland, nur zögernd
und mißtrauisch bisher die Sache betrachteten, aber sicherlich
nicht dahinten bleiben werden. Das war auch die Physio=
gnomie des Kongresses. An der Spitze auf der Estrade Herzl,
Nordau, Bodenheimer, Landau, die „modernsten Elemente des
Judentums", und einige, die vielleicht den Orthodoxen etwas
näher stehen; im Saal die Massen gemischt aus Orthodoxen
und Freisinnigen; die Reformer nur als prüfende Gäste,
die dem Kongreß je länger je mehr mit Wohlwollen zu=
hörten.

„Da sich dies ereignet hat, ohne daß von der einen oder
der andern Seite unwürdige Konzessionen gemacht, Opfer des
Intellekts gebracht worden wären, so ist dies ein Beweis mehr,
wenn es noch eines Beweises bedürfte, für das Volkstum der

Juden. Ein solcher Zusammenschluß ist nur möglich auf der Grundlage der Nation."*)

Weil aber freisinnige Männer die eigentlichen Lenker der Bewegung sind, zeigte der Kongreß auch noch eine andre, höchst erfreuliche Erscheinung, die nicht übergangen werden darf. Es ist der Geist wahrer, ernster und gründlicher Selbstkritik. Bei der Behandlung der Judenfrage durch die Juden selbst wurde von allen Nichtjuden bisher immer das am meisten vermißt, daß die Juden in keiner Weise geneigt schienen, irgendwelche Mißstände bei sich selbst anzuerkennen. Mit unendlicher Selbstgefälligkeit stellten sie immer nur ihre guten Seiten ins Licht, priesen die hohe Mission, die sie in der Welt zu erfüllen hätten und was alles die Menschheit ihnen zu verdanken habe. Daß die Judenfrage eine wirkliche Frage sei, die mit Recht die nichtjüdische Welt bewege, wurde kurzweg geleugnet, und gethan, als ob ihr Dasein unter den Völkern, ihr Eindringen in fremde Nationalitäten, ihr Gebahren auf allen Gebieten des Lebens gar keine Unzuträglichkeiten für die andern Völker mit sich führten. Ihre Taktik war immer die, von vornherein die Judenfrage für gegenstandslos zu erklären. Die Emanzipation war Shyloks Schein, auf dem sie bestanden, gar nicht begreifend, daß diese ihre Emanzipation von den Völkern als ein ganz unbegehrtes Ereignis und als eine ihnen unerwünschte Last aufgefaßt werde. Je assimilationssüchtiger sie waren, um so blinder waren sie gegen das Mißbehagen, das ihr Gebahren unter den Völkern weckte, Den Rischus (Neid) der Völker konnten sie nicht begreifen. in der Meinung, die Völker sollten sich eigentlich zu ihrer Acquisition gratulieren. Daß ein Volk eigenes Selbstgefühl, Stolz auf Reinheit seiner Nationalität und Rasse haben könne,

---

daß es Volksinstinkte gebe, die sich gewisse Dinge nicht ge=
fallen lassen, schien ihnen etwas ganz unerhörtes, jedenfalls
als etwas unberechtigtes, dem die Polizei ein Ende machen
müsse. Und weil die Volksinstinkte, wenn sie einmal aus dem
Dunkel der Volksseele hervorbrechen, immer in niedrigen,
gemeinen, pöbelhaften Excessen sich äußern, so hielten die
Juden die Judenfrage für nichts weiter, als für einen Pöbel=
exceß.

Die national=jüdische Bewegung aber ging wesentlich
hervor aus Selbsterkenntnis und Selbstkritik. Diese Männer
haben zum ersten Male und als die Ersten unter den Juden
erkannt, daß die Lage und Stellung der Juden unter den
Völkern eigentlich eine unnatürliche, für beide Teile mit Miß=
ständen verbundene ist. Und weil in ihnen selbst das National=
gefühl lebendig wurde und sie selbst stolz auf ihre eigene
Nationalität zu blicken lernten, konnten sie das Nationalitäts=
gefühl andrer Völker auch erst verstehen. Sie sind die ersten
Juden, die mit Sinn für Gerechtigkeit und Billigkeit die
Nationalitätsfrage beurteilen und die Judenfrage als eine
wirkliche Frage, die der Lösung bedarf, anerkennen. Das hat
man bisher schmerzlich vermißt und dies wird ihnen von allen
Nichtjuden hoch angerechnet werden, und um dieses ihres freien,
gerechten Sinnes willen werden sie auch bei den Nichtjuden
aufrichtige Sympathie finden. Sie haben es gewagt, sich stolz
und frei als Juden zu bekennen und wollen mit hohem Mut
nichts sein, als freie Juden. Wer sollte dafür keine Sym=
pathie hegen?

Ferner haben bisher noch nie Juden die geistige und
und moralische Lage der Juden, den inneren Stand ihres
Denkens und Fühlens so psychologisch treu und richtig durch=
schaut, beurteilt und gezeichnet, wie es auf dem Basler Kon=
greß geschehen ist. Dr. Max Nordau und noch ganz besonders

Dr. Birnbaum haben in ihren Darlegungen gezeigt, wie tief sie in die jüdische Volksseele hineingeschaut haben. Sie haben es uns wahr und treu geschildert, wie unglücklich der moderne Jude sich fühlt inmitten der Völker, weil er allenthalben darauf gestoßen wird, daß er trotz Kultur, trotz Wissenschaft, trotz Bildung ein andrer ist als diese. Es sind alle die Gründe aufgedeckt worden, welche in unserm Jahrhundert hochbegabte, jüdische Geister der Negation und Skepsis, der Revolution und der Socialdemokratie, dem Mammonismus und der Seelen= verkäuferei in die Arme getrieben haben, und die Ursachen sind auch nicht verschwiegen worden, durch die dem Charakter der Juden ein solch hervorstechender Zug der Selbstgefällig= keit und der Eitelkeit, des sich Vordrängens und der Prah= lerei und zugleich auch der Kriecherei und des sich Wegwerfens an andre beigemischt wurde. Eine solche wahre, einschneidende Selbstkritik durften diese Männer sich erlauben, und keiner ihrer anwesenden Brüder konnte sich dadurch gekränkt fühlen, weil sie die Ursachen und Gründe für alle diese traurigen Erscheinungen aufdeckten und zeigten, wie ernstlich es ihnen darum zu thun sei, daß die Schäden geheilt und die Fehler gebessert würden. Sie traten nicht auf als die Nörgeler, Richter und Verleumder ihres Volkes, sondern als die Ärzte, welche die scharfe Sonde in die Wunde legen, um eine gründ= liche Heilung anzubahnen.

Schon das also wäre ja ein bedeutender Fortschritt gegen= über dem Vertuschungs= und Ableugnungssystem, das bisher alle Juden in Deutschland übten, daß die Frage als solche anerkannt wird; noch unendlich wichtiger ist aber, daß die Männer auch zugleich das richtige Heilmittel zu bieten ver= mögen. Es ist die jüdisch=nationale Idee.

Die nationale Idee ist nicht die höchste Idee des Menschen= geistes, die diesen ganz ausfüllen, ganz gestalten und ganz zu

leiten vermag. Das ist unbedingt nur die religiöse Idee. Wie
Gott das absolute, alles andre bedingende, gestaltende, leitende
Wesen ist, so zeigt die Geschichte auf allen ihren Blättern,
daß die Entwicklung der Menschheit, die großen Epochen der
Völker von religiösen Ideen beherrscht sind. Das gilt auch
vom jüdischen Volk, das dazu noch das Volk der Religion
und zugleich das Volk der Geschichte par excellence ist.
Aber gerade bei ihm stehen Nationalität und Religion in
einer unauflöslichen Verbindung; sein Volkstum läßt sich
nicht von seiner Religion und seine Religion nicht von seiner
Nationalität trennen; beide gehören zusammen wie Leib und
Seele und eins führt immer zum andern. Aber beide sind
doch nicht dasselbe. Auch beim jüdischen Volk ist Nationalität
noch nicht Religiosität und die Religion höher als die Nation.
Beide lassen sich gesondert behandeln und bedürfen gesonderter
Behandlung. Denn die Nationalität ist menschlich, hat physische
Grundlage und zeitliche Bedingungen; die Religion ist gött-
lich und hat übernatürliche Grundlage und übernatürliche Bedingungen. Eben deswegen muß die religiöse Entwicklung
des jüdischen Volkes der göttlichen Leitung anheimgestellt bleiben
und Menschen können dafür kein Programm aufstellen. Religion
können die Menschen nicht machen. In ihrer Gewalt steht
nur das Physische, die Nationalität. Unter den irdischen Gütern
des Menschen ist aber eins der wertvollsten, segensreichsten,
das Leben am tiefsten beeinflussenden eben die Nationalität.
Sie gibt dem Volk seinen Charakter. Wer seine Nationalität
preisgibt, gibt damit seinen Charakter preis. Wer sie wechselt,
der wechselt seinen Charakter. Wer seine Nationalität ver-
liert, ohne eine andre dafür eintauschen zu können, der wird
charakterlos. Dies unglückliche Schicksal hat das jüdische Volk
erlitten: es hat seinen angeborenen, ursprünglichen Charakter,
seine Nationalität, eingebüßt; nun bettelt es bei allen Völkern

charakterlos um das Geschenk ihrer Nationalität; nun strengt es alle seine Kräfte an, um in Deutschland ein Deutscher, in Frankreich ein Franzose und in Ungarn ein Magyar zu werden und als solcher zu gelten; aber die Völker stoßen es zurück, sie versagen ihm ihre Nationalität. Dies ist das moralische Unglück der Juden; dies die Quelle ihrer Schäden und Fehler! Gebt dem jüdischen Volk seine Nationalität wieder, laßt es wieder eintreten in die Reihe der Nationen, und es wird wieder charaktervoll werden; es wird Selbstachtung, Selbst= gefühl, Wert und Würde vor sich selbst und vor andern er= werben und seine Feinde werden verstummen müssen. Zur eigenen Nationalität aber bedarf es unumgänglich auch des eigenen Landes. Daher das Losungswort: Palästina für die Juden!

Dies ist der Gedankengang Dr. Herzls und seiner Ge= nossen; er ist tief gedacht und wohlbegründet.

Und schließlich noch eins! Es möchte vielleicht sein, daß da oder dort Dr. Herzl und seinen Genossen die Berechtigung bestritten werden möchte, sich gleichsam zu Führern ihres Volkes aufzuwerfen und sich an die Spitze der nationalen Bewegung zu stellen. Wer hat dich zum Obersten über deine Brüder gesetzt? (2 Mose 2, 14.) Selbst wenn die vom Basler Kon= greß gewählten Vorstände vom ganzen jüdischen Volk aner= kannt werden, werden sie die öffentliche Anerkennung finden, wenn sie als öffentliche Personen in Verhandlungen mit Staaten und Staatsmännern treten müssen? Da ist nun zu sagen, daß das jüdische Volk frei ist, an seine Spitze zu stellen, wen es will. Fürsten hat es keine mehr und einen Adel im Sinn andrer Völker hat es nie gehabt. Seit dem ersten Exil galt Gelehrsamkeit und Gesetzeskunde für das einzige Mittel, zu Ehre und Ansehen vor dem Volk zu gelangen. Das jüdische Volk ist das einzige Volk, bei dem geistige Verdienste allein eine öffentlich anerkannte Adelsstellung begründeten. Es wird also alles darauf ankommen, daß die Männer an der Spitze wirklich durch Geist und Geschick sich des Vertrauens ihres Volkes würdig erweisen; dann wird es ihnen auch nicht am Ansehen fehlen, um vor dem Areopag der Völker das gewünschte Gehör zu finden. Gerechtigkeit und Mäßigkeit, Klugheit und Besonnenheit müssen ihre thatsächliche Legitimation sein.

III.

Die Aufgabe.

Die Aufgabe, welche die national=jüdische Bewegung oder die „Zionisten" sich gestellt haben, läßt sich dahin zusammen= fassen: Es soll eine völkerrechtlich gesicherte Heimstätte geschaffen werden für diejenigen Juden, welche sich an ihren jetzigen Wohnorten nicht assimilieren können oder wollen. Die Heim= stätte soll das alte Heimatland Palästina sein, in dem die Juden wieder ein ackerbauendes Volk werden sollen. In= dem da sich ein jüdischer Staat bilden soll, werden die Juden wieder eine selbständige Nation sein, die an ihrem Heimat= land überall in der Welt einen moralischen Rückhalt hat, wodurch sie wieder die Achtung der übrigen Nationen ge= winnen wird.

Die Aufgabe ist ungeheuer groß und schwierig. Sie enthält eigentlich ein Dreifaches, von dem jedes allein schon eine gewaltige Aufgabe ist: 1. Die Juden sollen aus einem Handelsvolk wieder zu einem Ackerbau treibenden Volke um= gewandelt werden. 2. Palästina soll der Einwanderung und Besiedelung durch Juden erschlossen werden. 3. Palästina soll ein völkerrechtlich gesicherter und von den machthabenden Staaten anerkannter jüdischer Staat werden.

Der erste Punkt zwar dürfte die wenigsten Schwierig= keiten bieten. Die jüdische Rasse ist äußerst adaptionsfähig, und wenn jetzt auch der größere Teil des Volkes durch die

lange Erniedrigung und das Elend der Armut schwächlicher
Konstitution ist, so ändert sich das bald, sobald günstigere
Verhältnisse eintreten. Das zeigen die westeuropäischen Juden,
welche in dem letzten halben Jahrhundert ihre körperliche
Konstitution ganz verändert haben und an Körper, Kraft,
Größe und Gewandtheit nicht hinter den Völkern mehr zu=
rückstehen, unter denen sie leben. Es gibt unter ihnen nicht
mehr Militärdienstuntaugliche als unter den Christen und sie
zeigen sich allen Strapazen des Dienstes ebenso gewachsen,
wie sie ihren Kameraden auch nicht an Mut nachstehen. Das
ist eine von allen Offizieren anerkannte Thatsache. Wie die
Juden in Saloniki breitschultrige Lastträger geworden sind,
so werden sie in Palästina bei rechter Ernährung und gesunder
Arbeit auch tüchtige Landbauer werden. Freilich die Generation,
welche den Übergang macht, wird es hart ankommen, und
ihrer viele werden den Anstrengungen zum Opfer fallen.
Aber noch nie ist ein Volk zu Selbständigkeit gekommen, ohne
Opfer an Leben und Kraft. Zur Zeit der Völkerwanderung,
als die gothischen Stämme ganz Südeuropa des öfteren durch=
zogen, bis sie endlich in Spanien ihr Reich gründen konnten,
als die Vandalen bis hinüber nach Nordafrika wandern mußten,
sind Tausende unterwegs umgekommen und auf den weiten
Wanderzügen zu Grunde gegangen, zu geschweigen von den
Tausenden, die in den steten Kämpfen ihr Leben einbüßten.
Von den Hunderttausenden von Juden, welche einst Ägypten
verließen, haben die Allerwenigsten den Einzug ins Land
Kanaan erlebt.

Es ist nun zu hoffen, daß den Juden heute erspart bleibt,
mit bewaffneter Hand sich] erst den Weg in ihre Heimat
bahnen und dieselbe durch einen blutigen [Eroberungskrieg
in ihre Gewalt bringen zu müssen. Vielmehr wird ein gütiges
Geschick und die Gunst der Mächte die Sache hoffentlich so

lenken, daß, wie es eigentlich unsern Kulturverhältnissen ge=
ziemt und der Aufgabe des neuen jüdischen Staates allein
würdig ist, sowohl die Einwanderung, als auch die Besitz=
ergreifung eine ganz friedliche sein wird. Ohne Opfer aber
wird es deswegen doch nicht abgehen können, nur daß sie
nicht auf den Schlachtfeldern, sondern auf den Feldern ihrer
Kulturarbeit fallen werden. Aber diese Opfer an Leben und
Kraft werden direkt und persönlich den Kindern der Fallenden
zu Gute kommen und die Kinder nur um so fester an den
Boden binden, der durch das Opfer der elterlichen Lebens=
kraft kultur= und ertragsfähig gemacht worden ist. Die Opfer
dürfen also nicht geschent werden, und wenn sie auch so viel
wie möglich müssen vermieden werden, so dürfen sie doch
weder von der Aufgabe zurückschrecken, noch allzuheftig be=
klagt werden. Die Juden wären des heiligen Bodens ihrer
Väter nicht wert, wenn sie es scheuten, die nötigen Opfer zu
bringen, welche die Wiederherstellung dieses Bodens und die
Wiederaufrichtung des Reiches kostet. Die Einwanderer werden
ja nicht widerwillig und gezwungen ins Land ihrer Väter ge=
bracht werden, um dort gezwungene Frohnarbeit zu thun;
aber sie dürfen auch nicht hinströmen in der Meinung, dort
nun mühelos oder nur mit geringer Anstrengung der Kraft
sofort Milch und Honig schlürfen zu können, sondern nur
die dürfen den Entschluß der Einwanderung fassen, welche
bereit sind, sich und ihre Lebenskraft dem Heimatlande zu
opfern und wenn es sein soll auch auf dem Felde der Arbeit,
dem neuen Feld der Ehre, für das Wohl des heiligen Landes
und ihrer eigenen Kinder zu fallen. Die bloße verstands=
mäßige Berechnung macht die Menschen weder opferwillig
noch standhaft: Dies ist immer nur durch eine Art religiöser
Begeisterung für eine heilige Sache erreicht worden. Dies
Element wird darum der jüdisch=nationalen Bewegung nicht

fehlen dürfen. Zur Freisinnigkeit des Denkens wird also doch auch die Glut des frommen Herzens hinzukommen müssen. Die Geschichte der Völker beweißt es und zumal die jüdische, daß alle großen und guten Thaten, zu welchen Opfer nötig waren, nur durch die begeisternde Kraft der Religion möglich waren und dadurch allein zu stande gekommen sind. Nur die innigste Frömmigkeit kann die mühevolle Kulturarbeit des Landes als ein Gott wohlgefälliges Opfer, als heiliges Werk ansehen, das mehr wert ist, als bloßes Studium der Thora im heiligen Lande oder auswärts. Das muß jetzt schon gepredigt und eingeschärft werden. Es ist ein wichtiger Gegenstand der Agitation.

Übrigens dürfte es vielleicht unrichtig ausgedrückt sein, zu sagen, es handle sich um eine Umgestaltung des jüdischen Volkes aus einem handeltreibenden in ein ackerbauendes, der Händler solle Bauer werden. Das wird nie eintreten; das zu hoffen oder zu erwarten wäre eine arge Täuschung. Ein Handels= und Industrievolk wird sowenig wieder ein Bauernvolk, als ein ackerbautreibendes Volk zurückkehrt auf die Stufe der Jäger und Fischervölker. Das wäre ein kultureller Rückschritt. Das thun vielleicht Einzelne ausnahmsweise. Aber die Städter und Kaufleute, welche nach Amerika auswanderten, sind dort selten Farmer und jedenfalls keine leistungsfähigen geworden, sondern solche, welche sobald wie möglich ihre Farmen wieder los zu werden suchten. Zu Landbauern in Palästina werden daher keinesfalls die deutschen Juden tauglich sein, welche sich alle in die Städte gezogen haben, um hier sich dem Handel oder höhern Berufsarten zu widmen. Diese würden auch in Palästina nur ausnahmsweise tüchtige Bauern abgeben. Aber Rußland, Galizien, Buckowina, Rumänien haben viele Tausende von Juden, welche noch im freien Lande, in Dörfern wohnen, mit dem Land=

volk noch eigentlich auf gleicher kultureller Stufe stehen und
sich leicht an den Ackerbau gewöhnen würden. Das ist noch
Holz in Überfluß, aus dem man kräftige Bauern machen
kann. Die werden sich glücklich schätzen, statt zu hungern und
sich von armseligem Schacher auf dem Land zu ernähren,
Bauern sein zu dürfen. Für diese ist es eine Erlösung aus
ihrem Elend und zugleich eine Erhebung auf höhere Kulturstufe.

Aber es braucht deswegen den westeuropäischen Völkern,
bei denen der Antisemitismus in Blüte steht und die am
liebsten ihrer Juden los sein möchten, nicht bange zu werden,
als ob sie alle ihre Juden behalten müßten. Denn es werden
doch viele von der allgemeinen Begeisterung erfaßt werden
und nach dem Osten sich kehren, teils um in dem alten Heimatland die höheren Berufe auszuüben, teils weil von dort aus
sich ganz neue, weite und fruchtbare Beziehungen zu den
Völkern Centralasiens bilden werden, Handelsbeziehungen und
solche industrieller und allgemein kultureller Art, wodurch
ihrem höheren Wissen und Können neue Bahnen der Thätigkeit geöffnet werden. Diese neuen Wege einzuschlagen wird
ihnen lieber sein, als die Chicanen und den Ärger des Antisemitismus ertragen zu müssen.

Übrigens wird immer ein gesunder Prozentsatz von Juden
auch außerhalb Palästinas dem Welthandel sich widmen und
dies wird gut sein. Das war schon so, als die Juden noch
im Besitz ihres Heimatlandes waren. Auch dies gehört mit
zum welthistorischen Beruf der Juden und hängt mit ihrem
höhern und höchsten idealen Beruf, von dem wir hier nicht
reden, aufs engste zusammen. Jedenfalls ist das gewiß: die
Juden sind durch ihre achtzehnhundertjährige Zerstreuung ein
internationales Volk mit internationaler Stellung und Aufgabe geworden. So bringt es diese Stellung und Aufgabe
mit sich, daß der Handel jetzt ihr sozusagen providentieller

Beruf ist. Kein andrer ermöglicht wie dieser eine solche
Stellung. Es ist ein Irrtum, zu glauben, die Juden seien
zum Handel nur gezwungen worden. Dieser Beruf sei ihnen
aufgenötigt worden, weil jeder andre Lebenserwerb ihnen
verschlossen worden sei. Diese letztere Thatsache hat aller=
dings ihren Handelstrieb begünstigt und vollends ausgebildet.
Aber der Handelstrieb lag in ihnen schon längst zuvor, schon
damals, als sie zu Salomos Zeiten mit den Phöniziern wett=
eifernd nicht bloß bis zu den Säulen des Herkules hin Handel
trieben und ihre ersten Niederlassungen in Spanien gründeten,
weshalb noch heute die spanischen Juden ihre Abkunft bis
auf Salomo zurückdatieren, sondern noch drüber hinaus bis
an die West= und Südküste Afrikas, nach Ophir. Wir wissen
es ganz genau, daß schon hundert Jahre vor der Zerstörung
des Tempels längs der großen Handelsstraße, [welche von
Damaskus und Antiochia durch Kleinasien, Griechenland,
Italien nach dem Rhein und Britannien führte, überall jüdische
Gemeinden existierten, gebildet von jüdischen Kaufleuten. Die
Juden von Mainz, Trier und Köln, welche mit den römischen
Legionen dorthin kamen und mit ihnen diese Städte gründeten
und bewohnten, sind dort länger schon zu Hause als die
Deutschen, welche sie gerne von dort vertreiben möchten.
Juden besorgten den Getreidehandel von Ägypten nach Rom
und ganz Italien schon zu den Zeiten der römischen Repu=
blik. Und wie nach Westen, so ging ihr Handel von alters=
her nach Osten bis nach Indien und China. Von alters=
her also sind die Juden ein vorzügliches Handelsvolk gewesen
und wurden es erst recht seit ihrer Zerstreuung und dies
hängt wieder mit dem Teil ihres welthistorischen Berufes zu=
sammen, den sie in der Zerstreuung zu erfüllen hatten, wo=
von in einem der nächsten Kapitel die Rede sein soll. Eben
als Handelsleute kamen sie nicht nur zu jedem Volke, sondern

kamen auch mit jedem Volke in die innigste und lebendigste Be=
rührung, beeinflußten seine Kultur, seine gesamten materiellen
und ökonomischen Lebensverhältnisse und konnten auf diese Weise
ein wichtiges, geistiges, kritisches Ferment unter den Völkern
bilden. Das sind sie auch heute noch und sind es in um so
höherem Grade, als heutzutage gerade der Handel sich des
Kapitals bemächtigt hat und so den kapitalisierten Vermögens=
stand der Völker durch seine Adern pulsieren läßt. Da nun
so der Handel in den Mittelpunkt der Vermögensproduktion
gerückt worden ist, da nicht bloß die Industrie dem Handel
dient, statt umgekehrt, sondern auch die Bodenwirtschaft in
Abhängigkeit von den Fluktuationen des Handels gekommen
ist, da ferner das Geld selbst ein lukrativer Handelsartikel
geworden und durch die Börsen sogar die Staatsschulden, resp.
die Staatspapiere, zum lukrativsten aller Handelsartikel ge=
worden sind, so wurde in unsrer Zeit einem so eminenten Handels=
volk, wie die Juden sind, das allerweiteste Feld der Thätigkeit ge=
öffnet. Eben dies hat nun den Haß gegen die Juden mächtig
geschürt. Die großen jüdischen Geldfürsten sind geradezu das
Schreckgespenst der Kleinbürger geworden, dem sie alles Un=
heil zuschreiben und zutrauen. Man vergißt gänzlich, daß
dem Scharfblick und der Umsicht, der Regsamkeit und dem
Unternehmungsgeist jener Männer seinerzeit größtenteils der
Aufschwung aller Geschäfte zu danken ist, welche mit Handel
und Geld in Verbindung stehen. Bei allen großen industri=
ellen Unternehmungen, Eisenbahnen, Kanälen, Schifffahrt,
Bergbau und dergleichen sind jüdische Kräfte, jüdische Energie
beteiligt gewesen, und Unternehmen, wie die Ausführung des
Suezkanals, des Gottharddurchstichs, die Bezahlung der fran=
zösischen Kriegsentschädigung wären ohne ihre Finanzoperationen
gar nicht zu stande gekommen. Die Juden haben damit nur
wieder einen Teil ihrer welthistorischen, internationalen, kos=

mopolitischen Aufgabe erfüllt, indem sie in Westeuropa den
Welthandel und die Weltfinanzen besorgten, wozu niemand
so geeignet und befähigt war, wie sie.

Freilich jetzt dürfte diese ihre Mission in Europa erfüllt
sein, wie denn auch die eigentlichen Glanzzeiten der jüdischen
großen Finanziers vorüber sind. Die westeuropäischen Völker
haben nun gelernt, alle diese Geschäfte selbst zu besorgen,
und eben darum brauchen sie jetzt die Juden nicht mehr und
wären ihrer gerne los. Darum wird es gut sein, wenn dem
Unternehmungsgeist der Juden im Osten neue Wege und
Gebiete sich öffnen. Es war am Ende des vorigen und Anfang
des jetzigen Jahrhunderts in Deutschland, wie es in der Mitte
desselben in Rußland war. Den Juden, die sich als Fabri=
kanten, Industrielle, Ärzte und dergleichen im Innern Ruß=
lands niederlassen wollten, wurden weitgehende Privilegien
bewilligt. Jetzt glaubt man sie auch im Innern Rußlands
entbehren zu können und jagt sie darum fort und sperrt sie
wieder in die Westprovinzen. Für Rußland ist dies aber noch
zu früh. Ähnliche Gründe hat der Wiener Antisemitismus.

Man wird sich also nicht täuschen dürfen. Wie die Juden
vor der Zerstreuung durch Zerstörung ihres Staates schon
ein Handelsvolk waren, so werden sie es bleiben, auch wenn
sie wieder ein Heimatland haben, das sie selbst eigenhändig
bebauen. Aber ihr Handel wird ein andrer werden. Statt
daß sie wie jetzt auch mit den Kleinhändlern und Kleinhand=
werkern konkurieren, und infolge ihrer Vermehrung in Europa
auch konkurieren müssen, werden sie den innerasiatischen Handel,
die orientalische Kultur in den mit Palästina zusammenhän=
genden Ländern in Aufschwung bringen, und dies wird wieder
mit ihrem höheren idealen Beruf im Osten zusammenhängen.

Damit aber, daß die Juden ein Volk von Landbauern
werden in ihrem Heimatland, wird das jüdische Volk in

innerster Seele gesunden und erstarken. Bei jedem Volk ist
der Bauernstand das gesundeste Element und recht eigentlich
das Mark des Volksstammes. Der Landbau ist es, der das
Volksleben, den Volkskörper und die Volksseele, frisch und
kräftig erhält. Der Landbau mit seiner Gebundenheit an die
Natur und die Naturelemente und Naturereignisse stärkt aber
nicht bloß die Naturkraft des Volkes, sondern wirkt auch
sittigend, mäßigend, veredelnd auf den Volksgeist. Im Bauernstand liegen die Wurzeln des Volkswohlstandes, der Volks-
gesittung der Volkskraft; er ist das Element und der Stand,
der den übrigen Ständen immer wieder frisches Blut zuführt,
aus dem sie sich ergänzen und verjüngen. Auch der sogenannte
Bauernstolz hat seinen guten Grund: der Bauer produziert
eigenhändig die ersten und hauptsächlichsten Güter des Lebens; er weiß, daß ohne ihn die übrigen Stände recht
eigentlich nicht existieren können; mit gerechtem Stolz blickt
er daher auf die, welche nur mit seinen Gütern Handel treiben;
er fühlt sich als den Besitzer und Bearbeiter des Bodens,
der alle tragen und nähren muß. Das giebt ihm das eigenartige Bewußtsein, das uns an ihm oft so derb entgegen tritt.
Eben dies Bewußtsein hat bisher dem jüdischen Volk gefehlt.
Es wirkte schädigend auf den jüdischen Charakter, daß er immer
nur Händler mit Gütern war, die andre produzierten und
selber keine produzieren konnte und sich von den Produzenten
darob verächtlich ansehen und behandeln lassen mußte. Der
Charakter wie die körperliche Konstitution der Juden, die im
eigenen Vaterland sowohl Bodenbesitzer als auch Bodenbe-
arbeiter sind, würde sich verändern und zwar zu ihrem
Vorteil.

Es ist wahr, daß die Juden erst dann wieder eine wirkliche und ganze Nation sein werden, wenn die Wurzeln ihrer
Kraft in einem eigenen heimatlichen Boden liegen werden.

Darum muß die nationale Bewegung die Gewinnung Palä=
stinas notwendig zum Ende und Zielpunkt haben und muß
dies Ziel mit aller Kraft zu erreichen streben, wenn die Be=
wegung nicht nur zu bald wie ein Strohfeuer wieder erfolglos
erlöschen soll. Jede Nation bedarf, um Nation zu sein, eines
Centrums ihres Daseins, eines Fundamentes ihres Bestandes,
einer Quelle ihrer Erneuerung und Erfrischung, und dies ist
nur der eigene Grund und Boden, die Heimat, das Vaterland.

Das Hauptziel muß also das sein, Palästina für die
Einwanderung und Besiedlung durch die Juden zu erschließen.
Das ist, wenn nicht ganz günstige Umstände dazwischen treten,
viel schwieriger, als Juden zu Bauern zu machen. Denn
das Land steht der jüdischen Einwanderung nicht offen. Im
Gegenteil, der Sultan hat speziell die jüdische Einwanderung
verboten aus Anlaß der jüdischen Emigration aus Rußland.
Aber auch sonst sind die Verhältnisse zur Ansiedlung recht
ungünstig. Jeder Landkauf bedarf der Genehmigung aus
Konstantinopel; für jedes Haus, das errichtet wird, muß die
Pforte um Erlaubnis angegangen werden. Dies verursacht
unendliche Verzögerungen und schwere Unkosten, denn von
keinem der vielen Beamten ist etwas ohne Bakschisch zu er=
reichen. Trotz dieser Erschwernisse bestehen aber in Palästina
schon eine Reihe von jüdischen Kolonien. Ihre Gründer sind
Rothschild, Montefiore und einige besondre Vereine in Ruß=
land gewesen, und es läßt sich nicht leugnen, daß da schon
mehrere Tausend Juden für den Ackerbau gewonnen und
erzogen worden sind, obgleich es immer noch nicht ausgemacht
sein dürfte, ob diese Kolonien selbständig auf eigenen Füßen
stehen können, und ob das angewandte System der innern
Organisation derselben das richtige ist.

Aber auch abgesehen von dem allem, wird die national=
jüdische Bewegung diesen Weg der Occupation des Landes

nicht einschlagen können und dürfen. Das System, wonach einzelne oder Gesellschaften sich privaterweise das Privilegium verschaffen, um da oder dort eine mehr oder weniger große Kolonie zu gründen und daselbst junge Leute zu Bauern zu erziehen, die allmählich das Land bevölkern und selbständig bearbeiten sollen, hat man mit Recht das System der all= mählichen und heimlichen Infiltration genannt. So gleichsam unter der Hand und ganz still und privatim soll das Land an allen Ecken und Enden von Juden acquiriert und mit Juden übergossen werden, bis es sich eines schönen Tages herausstelle, daß die Juden die Mehrzahl im Lande seien, und das meiste Land in Besitz hätten. Das war die Idee der bisherigen jüdischen Freunde der paläftinenfischen Koloni= fation. Bei diesem System wünschen diejenigen zu bleiben, die vom Zionismus nichts wissen wollen und Feinde einer nationalen Bewegung im großen Stil find, weil sie selbst für ihre Person sich der Nation, unter der sie wohnen, affi= milieren wollen.

Dies heimliche Infiltrationssystem haben aber die Leiter der nationalen Bewegung sofort für einer großen Nation unwürdig erklärt, denn dies wäre ja ein Einschmuggeln ins Land der Väter und für die Regierung des Landes Grund genug, mit aller Strenge das Einwanderungsverbot durchzu= führen und in ein Kolonisationsverbot umzuwandeln. Die Kolonisation muß eine legitime, vom Machthaber des Landes anerkannte und gern gesehene sein. Die Vertreter der jüdischen Nation müssen durch eine rückhaltlose Auseinandersetzung mit den beteiligten politischen Faktoren ihr Ziel erreichen, oder sie erreichen es gar nicht. Loyal und offen muß also mit dem Sultan und seiner Regierung über die Ansiedlung ganzer jüdischer Volksmassen im großen Maßstab verhandelt werden. Es bedarf der öffentlich rechtlichen, nicht bloß privatrechlichen

Genehmigung und des offiziellen Schutzes durch die Re=
gierung.

In diesem Sinne und um diesem Ziel entgegenzustreben
hat schon gleich der Basler Kongreß als seine allererste
offizielle Handlung ein Huldigungstelegramm an den Sultan
gerichtet. Vielleicht war dies ganz wohlgethan. Aber jeden=
falls wird es bei den eigenartigen Verhältnissen in Stambul
gut gethan sein, bei der Gnade und Güte und dem Wohl=
wollen des Sultans sich nicht genügen zu lassen. Der Strö=
mungen am goldenen Horn giebt es gar viele, das Wetter
schlägt öfter um, und die Sultane wechseln in ihrer Ge=
sinnung und in der Person. Da dürfte es doch wohl nötig
sein, daß die Großmächte eine gewisse Garantie übernehmen,
damit was den Juden von der Pforte bewilligt wird, auch von
ihr unter allen Umständen muß gehalten werden. Ohne das
wird die Lage der Juden in Palästina auch bei den feier=
lichsten Versprechungen, den liberalsten Konzessionen, der offen=
barsten Gunst des Sultans immer prekär bleiben. Wenn
nicht die Großmächte die Garantie übernehmen, wird es nie
ein Zustand des Rechts, sondern immer nur der Duldung
sein; es wird türkische Toleranz und türkisches Schutzjudentum
auf Widerruf sein. Die Vorteile, welche die Juden dem Sultan
bieten, werden bereitwilligst acceptiert, die größere Steuer=
fähigkeit des kultivierten Landes wird nach Kräften ausgenützt
werden, aber es wird nur Gnade des Beherrschers aller
Gläubigen sein, die ihn nicht bindet, oder jedenfalls nur so
lang bindet, als ihm beliebt. Daß Andersgläubige dem Kalifen
gegenüber ein Recht beanspruchen, ist ganz unstatthaft und
wird nie freiwillig geleistet werden. Der allergnädigste
Sultan kann über Nacht ein Pharao werden für die Juden,
die ein „Recht" beanspruchen.

Sobald aber die Pforte auch nur die Ahnung beschleicht,

4*

daß in Palästina sich Verhältnisse und Zustände bilden, die
ihr die Einmischung der Großmächte auf den Hals laden
könnten, sobald ihr zum Bewußtsein kommt, daß sie wirklich
„bindende Verpflichtungen" eingehen soll, wird gar nichts zu
erreichen sein. Das Verfahren gegen Armenien scheint die
Politik und Taktik der Türken offenbaren zu wollen. Nachdem
in der Türkei die früher christlichen Provinzen Stück für
Stück dem Sultan verloren gehen, scheinen die Türken die
Einsicht gewonnen zu haben, daß es über kurz oder lang mit
ihrer Herrschaft in Europa zu Ende gehen dürfte. Um so
mehr Gewicht legt die Pforte darauf, daß die asiatischen
Provinzen ihr ganz und gar und ungeschmälert eigen bleiben.
Dieser Besitz soll ihr unangetastet von aller Einmischung der
europäischen Mächte bleiben. Daher sucht sie Asien christen=
rein zu machen und hat daher die Ausrottung der Armenier,
als des zahlreichsten Christenvolks in Asien, auf ihr Programm
geschrieben. Offenbar fürchtet die Pforte, Armenien könne
einmal unter Mithilfe der christlichen Mächte der Türken=
herrschaft verloren gehen. Die türkischen Bevölkerungselemente
müssen also dort gestärkt und die christliche Bevölkerung muß
mit allen Mitteln unschädlich gemacht werden. Daher die
ungescheuten, auf höheren Befehl veranstalteten Christen=
metzeleien. In der asiatischen Türkei sollen nur Muham=
medaner wohnen, dann allein scheint dem Sultan sein tür=
kisches Reich in Asien sicher zu sein. Wenn aber einmal der
muhammedanische Fanatismus gegen die Christen Palästinas
entfesselt wird, und an Anzeichen, daß dies einmal geschehen
wird, fehlt es jetzt schon nicht — werden dann die Juden ge=
geschont werden? Glaubt man wirklich, die Pforte werde
einen wirklichen, offiziellen Judenstaat an ihrer Grenze gegen
Ägypten hin je anerkennen oder auch nur dulden? Das wäre
eine arge Täuschung! Es würde nichts nützen, wenn die

Juden noch so sehr beteuerten, sie hätten mit den Christen nichts gemein, sie seien die loyalsten, gehorsamsten Unterthanen; ja selbst wenn sie geneigt wären, mit den Türken gemeinsame Sache gegen die Christen in Palästina zu machen: die Strafe würde sie bald ereilen. Das können sie aus ihrer Geschichte in Spanien lernen. Die Geschichte meldet, daß sie, um des Drucks der Gothenkönige los zu werden, am Herüberkommen der Araber aus Afrika nicht unbeteiligt gewesen seien, aber ihr Loos wurde nur für kurz gebessert. Die Araber zwangen sie bald, den Islam anzunehmen. Bei einer dieser Gelegen= heiten mußte ja auch der große Moses Maimon sich zum Propheten bekennen und trotzdem doch Spanien verlassen, weil die Moslim die Neugläubigen zu scharf beobachteten, ob sie nicht doch heimlich noch Juden seien.

Es scheint außer Zweifel, daß die Kolonisation Palästinas durch die Juden, die Massenauswanderung dahin und die Besitzergreifung des Landes durch die Juden nur unter der Ägide der christlichen Großmächte geschehen kann, und es liegen keineswegs beim Sultan „Bedingungen vor, die bei einer klugen und glücklichen Behandlung der Sache zum Ziele führen können," wie man jüdischerseits zu glauben geneigt scheint. Das ist ja wahr, „Seine Majestät der Sultan hat mit seinen jüdischen Unterthanen nur die besten Erfahrungen gemacht, gleich wie auch er ihnen ein gütiger Souverän ist" — bisher, so lange er die Juden politisch als Quantité négligeable glaubt ansehen zu dürfen. Aber sie sollen sich nur ein Mal unterstehen, Rechte zu fordern oder irgend welche Ansprüche zu machen, dann wird Seine Majestät schon andre Saiten aufziehen; wollten sie gar eine irgendwie selbständige Macht repräsentieren, wäre es auch nur durch Masse und Zahl, dann würde er jede jüdische Regung mit Stumpf und Stil ausrotten. Die Türkenwirtschaft duldet keine selbständigen Andersgläubigen in ihrem Machtbereich, — auch keine jüdische Selbständigkeit.

Wenn die Leiter der national=jüdischen Bewegung sich darüber einer Täuschung hingeben, wird es für sie und ihre Sache verhängnisvoll werden. Es wird freilich gut sein, den Sultan so lange wie möglich bei guter Laune zu erhalten, und sich das auch etwas kosten zu lassen, aber man wird sich von vornherein darauf einrichten müssen, die Sache ohne den Sultan und sogar wider ihn durchzuführen. Wir wissen es ja wohl, durch Druck auf die türkischen Finanzen ist viel, sehr viel in Stambul zu erreichen, wo man allzeit viel Geld braucht und wenig hat, aber dem gegenüber ist nicht nur mit dem nie erlöschenden, muhammedanischen Fanatismus zu rechnen, sondern auch mit dem Selbsterhaltungstrieb der Pforte, für die es Selbstmord wäre, wenn sie auf ihrem unbestrit= tenen Territorium einen irgendwie sich selbst verwaltenden Judenstaat entstehen ließe.

Angenommen, der Sultan ließe sich durch sanften, süßen, goldenen Druck bestimmen, die Kolonisation durch jüdische Massen zu gestalten, so stünden sich doch bald zwei Kulturen gegenüber, die absolut miteinander unverträglich sind. Denn soll die jüdische Kultur und Kolonisation in Palästina lebensfähig sein, so muß sie modern, europäisch sein; gerade diese Kultur aber verträgt der Islam nicht; er muß ihr Todfeind sein; er darf sie gar nicht aufkommen lassen. Die muhammedanisch= orientalische Kultur ist eine niedrigere, als die christlich=euro= päische. Die Türken fühlen ihre Inferiorität dieser Kultur gegenüber, daher, wo sie die Macht haben, können und dürfen sie diese Kultur, selbst wenn sie in jüdischen Händen wäre, nicht aufkommen lassen. Die moderne Kultur ist das Ende der Türkenherrschaft und der Herrschaft des Islams, daher erwacht bereits der Fanatismus der Moslim gegen alle

Träger dieser Kultur. Die Juden sind also zur Realisie=
rung ihrer Ziele auf die Hilfe der Mächte angewiesen, die
die hauptsächlichsten Träger der modernen Kultur sind, und
das sind die europäischen Großmächte. Freilich hat es jetzt
gerade da den Anschein, als ob nicht viel zu machen wäre.
Die Großmächte sind froh, wenn sie die schon anhängigen
Verwicklungen ins Reine bringen; mit neuen Sachen wollen
sie sich jetzt gewiß nicht befassen. Aber die Kolonisation Palä=
stinas durch die Juden ist ja überhaupt keine Sache des Augen=
blicks, die man willkürlich in einem vorgesetzten Zeitpunkte
in Scene setzen könnte. Eine so große und wichtige Sache
erfordert einer langen Vorarbeit und einer allseitigen Vor=
bereitung, daß sie im günstigen Zeitpunkt mit Kraft ins Leben
treten kann. Nicht nur die Sache selbst muß reif sein, son=
dern auch die Umstände müssen reif sein. Beides scheint noch
einer guten Weile zu bedürfen. Die jüdisch=nationale Be=
wegung muß nach allen Seiten hin und für alle Eventuali=
täten den Boden zubereiten. Und da ist doch das Allererste
und Nächste nicht der Sultan — der kommt vielleicht zualler=
letzt erst ins Spiel, — sondern die Großmächte. Bei diesen
kann es sich aber jetzt auch nicht um Gewinnung ihrer aktiven
Hilfe handeln, sondern nur darum, auf dies Projekt ihre
Aufmerksamkeit zu lenken, es ihnen genehm zu machen und
sie dafür zu interessieren. Jeder neue Gedanke muß sich zu=
erst in die Köpfe einnisten, muß darin Wurzel fassen und
mächtig werden, und große Gedanken bedürfen dazu einer recht
geraumen Zeit. Die Leiter der Bewegung machen bei ihren
eigenen Volksgenossen die Erfahrung, daß ihre Idee, wie alle
neuen, ungewohnten Ideen, vielfache Antipathien hervorrufen.
Es wird Zeit kosten, bis diese überwunden sind, bis der Wider=
spruch von jüdischer Seite verstummt und bis die ganze jüdische
Nation einmütig dieser neuen Idee anhängt. Ehe dies er=

reicht ist, werden die staatlichen Personen ihr kaum mehr als
ein negatives Interesse zuwenden. Sie positiv dafür zu in=
teressieren ist keine so leichte Aufgabe. Aber dies wird un=
umgänglich nötig sein, damit, wenn günstige Umstände ein=
treten, diese vermögenden Personen geneigt sind, die jüdisch=
nationale Sache auch auf die öffentliche Tagesordnung zu
setzen. Kann dies erreicht werden, dann ist schon sehr viel
erreicht.

Die Kolonisation des Landes kann also noch nicht so bald
ihren Anfang nehmen und das in andrer Weise angefangene
Werk in Palästina wird wohl auf geraume Zeit sistiert werden
müssen, nämlich so lange, bis es unter „öffentlich rechtlichen
Bürgschaften" kann wiederaufgenommen werden. Die Juden
werden also noch eine gute Portion Geduld bei angestrengter
Arbeit nötig haben, bis ihr alter Wunsch: „Das nächste Jahr
in Jerusalem," seiner Erfüllung entgegenreift. Aber für eine
Nation, die achtzehnhundert Jahre im Elend der Verbannung
und Zerstreuung gelebt hat, bedeuten ein paar Jahrzehnte
nichts, wenn nur wenigstens die Befreiung und die Erlösung
sich wirklich von Ferne zeigt und anbahnt. Wie die Sachen
liegen, kann es ja sogar lange nicht mehr dauern, bis die
Dinge im Orient sich weiter entwickeln; der Stein ist im
Rollen, er wird nur für kurze Zeit können aufgehalten wer=
den, dann wird er zur Lawine anschwellen und weitreichende
Veränderungen bewirken.

Erst auf den Trümmern der bisherigen Staatengebilde
im Orient wird auch in Palästina ein jüdischer Nationalstaat
sich erbauen können. Wie dieser Staat dann völkerrechtlich
zu sichern sei und wie die Anerkennung durch die machthabenden
Mächte sich gestalte, darüber läßt sich nicht einmal ein Wunsch,
geschweige eine Vermutung aussprechen. Kein Mensch weiß,
wie dann die Dinge liegen werden. Das alles liegt tief ver=

borgen im Schoß der Zukunft: ein guter Stoff für dichterische
Phantasien. Die Juden haben in früheren Zeiten, den Zeiten
dumpfen Hinbrütens in der thatenlosen Sehnsucht das mes=
sianische Zukunftsreich sich mit einer überschwenglichen Phantasie
in den glühendsten Farben ausgemalt. Sie werden klug und
nüchtern genug geworden sein, in den Zeiten thatkräftigen
Handelns auf all solche Spielereien zu verzichten. Auch das
deutsche Nationalreich hat sich ganz anders verwirklicht, als
wie die Patrioten von Anno 1830 und 1848 träumten.

Auf dem Basler Kongreß handelte es sich vor allem um
die Wahl eines Aktionskomites und die Organisation der Arbeit
überhaupt. Dieser Kernpunkt der Sache veranlaßte natürlich
die erregtesten Debatten. Aber der unbeteiligte Beobachter
mußte sich gestehen, daß die Leiter mit Besonnenheit und
Geschick die schwierigen Verhandlungen zu einem praktischen
Resultat zu bringen wußten. Um einem weiteren Publikum
einen Einblick zu geben in die Bestrebungen der national=
jüdischen Bewegung, in die Mittel, deren sie sich bedient, in
die nächsten Ziele ihrer Agitation und in das, was die Tages=
blätter noch viel beschäftigen wird, so müssen wir uns ein
Bild machen von dieser ins Leben getretenen Organisation.
Sie bietet auch für die Außenstehenden des Interessanten
genug.

Das jüdische Volk, wie es durch alle Welt zerstreut ist,
soweit es den Zionisten zustimmt, soll seinen Einigungspunkt
und seine nationale Repräsentation im jüdischen Kongreß
haben, einer Versammlung von Deputierten aus der jüdischen
Nation, gewählt durch die „Ortsgruppen" der Zionistenvereine.
Je hundert Mitglieder einer Ortsgruppe entsenden einen
Deputierten zum Kongreß. Dieser wird daher eine vielköpfige
und recht eigentlich volkstümliche (um das Wort demokratische
zu vermeiden) Versammlung darstellen. Ihm steht die oberste

Leitung der ganzen Bewegung zu und ihm sind die ausführenden Komites und Kommissionen verantwortlich.

Der Kongreß wählt ein Aktionskomite zur Ausführung der gefaßten Kongreßbeschlüsse, zur Führung der jüdischen Angelegenheiten und zur Vorbereitung des nächsten Welt= kongresses. In Erinnerung an die Zahl der 23 Mitglieder des alten Synhedriums wird die Mitgliederzahl des Aktions= komites gleichfalls auf 23 festgesetzt. Fünf davon müssen ihr ständiges Domizil in Wien haben. Die übrigen verteilen sich auf die einzelnen Landsmannschaften, wobei auf Rußland vier Mitglieder fallen, Rumänien und Galizien je zwei und auf alle übrigen Länder je ein Mitglied. Die Landesmitglieder repräsentieren ihrem Landeskomite gegenüber die Exekutive. Das Aktionskomite bestellt einen Generalsekretär, der seinen Wohnsitz in Wien hat, und setzt nach Bedarf Kommissionen ein. Die Landeskomites, Ortsvereine, ihre Organisation und Agitation richten sich nach den Gesetzen und Bedürfnissen des betreffenden Landes.

Hiemit ist die ganze Bewegung in ein festes Gefüge zu= sammengefaßt, wenn auch die Befugnisse der verschiedenen einzelnen Organe noch nicht fest, bestimmt und gegeneinander abgegrenzt sind. Wie dies alles zu ordnen sei, muß wohl erst die Erfahrung lehren.

Wichtiger ist, daß die nationale Richtung im jüdischen Volk, die wohl in Bälde das ganze Volk in sich begreifen und repräsentieren dürfte, zum ersten Male seit Auflösung des alten Synhedriums wieder ein Centrum für die jüdische Nation geschaffen hat. Würden auch die in letzter Linie er= strebten Ziele nicht erreicht, so ist es doch für das moralische Selbstgefühl der Juden von außerordentlicher Wichtigkeit, daß nun die ersten Grundlagen einer nationalen Organisation und Konstitution geschaffen sind. Es müßte höchst sonderbar

zugehen, wenn daraus für das jüdische Volk ein bleibender
Gewinn nicht erwachsen würde. Das jüdische Volk kann jetzt
nicht mehr in die vorige Lethargie zurückfallen. Die Idee
der Einigung und Einheit hat ihre Verkörperung erhalten
und kann sich jetzt nicht mehr in nichts verflüchtigen; sie wird
nicht mehr ersterben, welche Resultate auch erzielt oder nicht
erzielt werden mögen, und welche Schicksalsschläge das jüdische
Volk noch erleiden mag. Denen aber, die an der Spitze
stehen, ist zwar noch keine äußere Macht gegeben, aber es ist
ihnen ein in die jüdische Volksseele unendlich tief eingreifender
Einfluß in die Hand gelegt; ob er für die Nation zum Guten
oder Schlimmen, zum Segen oder Unsegen ausschlagen wird,
muß die Zukunft lehren. Sie werden ihrem Volk, der Mit=
welt und Nachwelt verantwortlich sein. Das außerordentliche
Vertrauen, das ein großer Teil ihrer Nation ihnen erwiesen
hat, die Hoffnung der Zukunft, die auf ihre Schultern gelegt
ist, müssen sie rechtfertigen durch ihre Thaten. Ihnen ist kein
Geschäft, keine profane Arbeit in die Hände gelegt, sondern
ein hohes, edles, heiliges Werk, dem ihre Gesinnung, ihr Mut
und ihre Thatkraft entsprechen muß, wenn anders das Volk
nicht auf Jahrhunderte hinaus um seine Hoffnungen und seine
Zukunft betrogen sein soll! Nachdem das nationale Organ
der nationalen Einheit geschaffen ist, ist jede Verirrung, jeder
Mißerfolg verhängnisvoll.

Vorerst erhielt das Aktionskomite zwei wichtige Auf=
träge.

Der eine geht dahin, die Frage zu untersuchen und die
vorbereitenden Beschlüsse zu fassen für Beschaffung eines
Nationalfonds. Der andre betrifft die Einrichtung der Agi=
tation. Für beide Aufträge wurden leitende Ideen ausge=
sprochen, die der Erwägung und Beschlußfassung des Komites
anheimgestellt sein sollen in besondern Kommissionen, damit

dem nächsten Kongreß darüber konkrete Vorschläge könnten
vorgelegt werden.

Von den Projekten zur Schaffung eines Nationalfonds,
durch den die nötigen Mittel für Erwerbung größerer Länder-
strecken in Palästina, Anlegung von Kolonien, Einführung
von Industrien bestritten werden soll, scheint am ehesten das
Aussicht auf Verwirklichung zu haben, wonach durch Schenk-
ungen und Sammlungen ein eiserner Fond von 250 Millionen
Franken soll gesammelt werden, dessen Zinsen dann für die
genannten Zwecke soll verwendet werden. Außerdem aber
und unabhängig davon soll eine jüdische Bank gegründet werden,
deren Zweck die Förderung agrarischer, industrieller und Handels-
unternehmungen der jüdischen Kolonisten in Syrien und Palästina wäre. So lange keine Verwendung der Kapitalien in
diesem Sinne möglich wäre, würde die Bank wie jedes andre
Finanzinstitut die disponiblen Kapitalien für beliebige industrielle oder Handelszwecke verwenden. Durch diese Bank
sollen dann auch die Verhandlungen vermittelt werden mit
der türkischen Regierung bezüglich Landkauf-Konzessionen und
Sicherung der Kolonisation und nicht minder die Erlangung
staats- und völkerrechtlicher Garantien für dieselben. Ihr
fällt auch die Leitung der Verhandlungen mit den Großmächten
und der „haute finance" zu zum Zweck der Erlangung der
nötigen Geldmittel für die kolonisatorisch-praktische Thätigkeit.
Da Geld die Welt regiert und nicht nur über Krieg und
Frieden entscheidet, sondern auch die Existenz und Erhaltung
der Staaten davon abhängt, so wird der Bank und ihrer
Führung eine immense Rolle zufallen. Die diplomatisch-finan-
zielle Aktion wird die Leitung und Ausführung der materiellen,
nationalökonomischen Seite des Unternehmens in sich begreifen.
Ob eine Staatengründung auf kriegerischem oder friedlichem
Wege zu stande kommt, sie erfordert in jedem Fall Geld —

viel Geld. Dies ist nun einmal der Lauf der Welt so. Auch
das idealste Unternehmen bedarf der materiellen Grundlage
und der materiellen Lebensbedingungen. Nur daß die idealen
Zwecke und Ziele nicht durch materielle Interessen in den
Hintergrund gedrängt oder gar dadurch geschädigt werden!
Ein caveant consules, ne respublica detrimentum capiat
noch bevor die respublica geschaffen ist, dürfte also nicht
versäumt werden. An Kapitalien aber dürfte es nicht fehlen;
sie sind unschwer zu erlangen, wenn die Unternehmungen gut
geleitet werden, denn eine Masse von Kapital wartet auf
produktive Verwendung im Osten, weil es im Westen keine
Verwendung findet.

Auch die Kommission, der die Agitation aufgetragen ist,
wird eine Fülle von Arbeit erhalten. In Deutschland, Frank=
reich, England, Amerika soll durch Wanderredner, durch die
Tagespresse und die Litteratur das jüdische Volk für die Sache
gewonnen, begeistert, opferwillig gemacht werden. Aber durch
diese Agitation soll ebenso die nichtjüdische Bevölkerung über
die Bedeutung und die Ziele dieser nationalen Bewegung
aufgeklärt und dafür sympatisch gestimmt werden. Im Osten
wird es nicht so sehr der Agitation unter der jüdischen Be=
völkerung bedürfen, weil diese jetzt schon für das Unter=
nehmen, das ihr zuerst zugut kommen wird, Feuer und
Flamme ist. Hier dürfte die Agitation bald viel mehr eine
entgegengesetzte Arbeit zu thun bekommen, nämlich die sehn=
süchtig Hoffenden, die ungestüm Drängenden, die unbesonnen
Vorgreifenden zur Geduld, zum Warten und zur Mäßigung
zu mahnen. Die akademischen Vereinigungen der jüdischen
Jugend werden Mittelpunkte der Agitation unter dem auf=
wachsenden Geschlecht sein. Jüdische Turnvereine sollen ge=
gründet werden, die für die jüdische Jugend außer ihrer
social=politischen Bedeutung noch von großem moralischem

Wert für die Entwicklung der Jugend werden können, weil dadurch die Jugend von den Herz und Verstand veröbenden Vergnügungen des modernen Großstadtlebens abgelenkt und zu gemeinsamem, höherem, geistigem Streben und kräftigenden Leibesübungen hingelenkt werden soll. Ferner soll das nationale Bewußtsein der Jugend geweckt werden durch fleißiges Studium der alten jüdischen Geschichte, durch Lektüre der Bibel und jüdischer Schriftsteller, durch eine jüdische Belletristik und vorzüglich durch Wiederbelebung der alten hebräischen Sprache, die, wenn möglich, für die Juden wieder nicht bloß zur Litteratur= sondern auch zur lebendigen Umgangssprache werden soll. Auch die Erstellung eines jüdischen Gymnasiums in Palästina und einer jüdischen Universität in Jerusalem wurde bereits ins Auge gefaßt als Gegenstände künftiger Gründungen.

Für all diese Zwecke von den diplomatischen und finanziellen bis zu den belletristischen und wissenschaftlichen fehlt es dem jüdischen Volk nicht an den geeigneten Kräften, so daß die Bestrebungen keine frommen Wünsche bleiben werden, sondern ihrer Realisation entgegen gehen. Dem jüdischen Unternehmungsgeist, der jüdischen Energie und Zähigkeit und der jüdischen Gewandtheit ist damit ein weites Feld der Thätigkeit geöffnet. Auch die nichtjüdischen Kreise werden es bald spüren, daß, wenn die Juden mit ihren eigenen Angelegenheiten beschäftigt sind, wenn sie ihre eigenen Ziele und Bestrebungen zu verfolgen haben, sie in den Angelegenheiten andrer Nationen zurückhaltender werden. Können sie sich damit abgeben, ihr eigenes Volkstum zu begründen, zu stärken, zu organisieren und zu konsolidieren, dann werden sie sich von den Bestrebungen andrer Völker, ihren Parteiungen und ihren öffentlichen Stellungen ferne halten und zurückziehen. Jetzt schon wird ihre eigene Stellung inmitten der andern Völker eine andre, zu Reibungen weniger anlaßgebende werden. Sie selbst werden der antisemitischen Agitation den Boden unter den Füßen wegziehen. Die gegenseitigen Beziehungen werden friedlicher und freundlicher sich gestalten.

IV.

Die Gegner.

Für den Draußenstehenden, den Nichtjuden, bietet die Aufnahme, welche die jüdisch-nationale oder zionistische Bewegung bei den Rabbinern Deutschlands gefunden hat, ein eigentümliches Schauspiel, das frappante Ähnlichkeit hat mit dem Verhalten der Rabbiner gegen eine Bewegung im jüdischen Volk, die etwa vierzig Jahre vor der Tempelzerstörung ihren Anfang nahm. Es beweist, daß eine gewisse Sorte von Rabbinern sich immer gleich bleibt. Als der Jude Jesus von Nazareth auftrat mit der erhabenen Friedenspredigt vom „Reich der Himmel," dem „Reiche Gottes," jener wunderbaren Predigt, da er die geistlich Armen selig pries, weil ihrer das Himmelreich sei, und die Leidtragenden im Volk, weil sie sollen getröstet werden, und die Sanftmütigen, weil sie würden das Erdreich besitzen; als er eine geistige Regeneration hervorrufen wollte unter seinem Volk, in dem die Assimilanten keine höheren Ideale mehr hatten als griechische Philosophie und römische Kultur und üppigen Genuß, da nicht so gar lange zuvor ein Menelaus, Hoherpriester aus der herrschenden Assimilantenpartei, den Opferaltar mitten im Gottesdienst im Stich gelassen hatte, um zu schauen, wie die nackten Jünglinge im Gymnasium die römischen Gladiatoren nachahmen könnten, und da andrerseits eine starre Orthodoxie sich immer mehr in abstraktes

Gesetzesstudium und äußerlichen Formelkram verknöcherte — da waren es die Rabbiner, die gegen ihn und seine Regenerationsbewegung Protest erhoben; sie gestanden offen ihre Beweggründe: wenn wir ihn gewähren lassen, so kommen die Römer, und nehmen uns Land und Leute! — Und jetzt kommen die Zionisten; sie predigen den Armen, den Verfolgten, Gedrückten und Leidtragenden ihres Volkes, daß sie sollen getröstet werden, daß sie sollen Zion und das Land ihrer Väter in Besitz nehmen, daß sie sich besinnen sollten auf ihre alte Geschichte und auf ihre Hoffnungen und auf die geweissagte Zukunft — und siehe da: es sind wieder nur Rabbiner, die dagegen protestieren und polemisieren und wenn sie die Macht hätten, die Bewegung unterdrücken und die neue Predigt verbieten würden, wie sie einst den Jüngern Jesu ihre Predigt verbieten wollten. So sehr verschieden beiderlei Bewegungen sind, in diesen Punkten haben sie doch große Ähnlichkeit: Rabbiner, die vom Elend ihres Volkes und darum auch von der Erweckung und Regeneration ihres Volkes nichts wissen wollen; Rabbiner, die alles gerne beim alten lassen möchten, um in ihrem Assimilationsstreben nicht gestört zu werden; Rabbiner, die immer die „Mission ihres Volkes in der Welt" im Munde führen, im Grunde aber sich fürchten, sie möchten Land und Leute verlieren. Die Ähnlichkeit in diesen Stücken ist frappant! Nur ein markanter Unterschied besteht: damals waren es so ziemlich alle Rabbiner, die sich gegen eine Regeneration, die doch so nötig gewesen wäre und allein die Katastrophe von Anno 70 hätte abwenden können, sträubten — heute sind es nur wenige, sozusagen nur die deutschen, die diese verhängnisvolle Rolle spielen.

Die einzigen Gegner, die bisher der Zionismus gefunden hat, sind die deutschen Rabbiner, von denen die fünf vornehmsten, die sich „geschäftsführenden Vorstand des Rab-

binerverbandes in Deutschland" nennen, eine Warnung vor
der Bewegung und einen Protest dagegen erlassen haben. Als
Gründe führen sie an: „Religion und Vaterlandsliebe."

Die Bestrebungen nämlich, einen jüdisch=nationalen Staat
zu gründen, sagen sie, widersprechen den messianischen Ver=
heißungen des Judentums, wie sie in der Heiligen Schrift
und den späteren Religionsquellen enthalten seien. Das ist
denn doch zum Staunen! Diese Rabbiner müssen den mes=
sianischen Verheißungen des Judentums in der Heiligen Schrift
eine sonderbare Auslegung geben. Wir werden nachher sehen,
welche! Es ist eine ganz andre, als die gewöhnliche, tra=
ditionelle, volkstümliche, dem Wortlaut der heiligen Schriften
entsprechende; es ist eine ganz moderne, künstlich die Worte
umdeutende und, was ihnen nicht gefällt, ignorierende. Die
volkstümliche, traditionelle Auslegung geht nämlich dahin, daß
ein persönlicher Messias zu erwarten sei, der das Reich Is=
raels aufrichten und Israel zu Wohlfahrt, Glück und Seligkeit
bringen und den Namen und die Herrschaft Gottes über die
ganze Erde ausbreiten und alle Völker ins Reich des Gottes
Israels eingliedern werde. Warum sollte nun die zionistische
Bewegung dem widersprechen? Hören wir, was ein zionistischer
und doch deutscher Rabbiner darüber sagt: „Wer sagt euch
denn, daß diese zionistische Bewegung nicht dazu berufen sei,
dem kommenden Messias die Wege zu bahnen, ihm vorzu=
arbeiten und sein Erlösungswerk vorzubereiten, nach dem Wort
des Propheten: ‚eine Stimme ruft in der Wüste, bereitet den
Weg des Herrn, ebnet in den Gefilden die Bahn unserm
Gotte. Jedes Thal werde erhöhet, jeder Berg und Hügel
werde niedergelegt und das Höckerische werde zur Fläche, das
Zerklüftete zur Ebene. Und es wird erscheinen die Herrlichkeit
Gottes und alles Fleisch wird sämtlich erschauen, daß der
Mund Gottes solches geredet!' Wenn ihr ihn, den kommenden

Mann, nicht erwecket, so wird er nicht erwachen; wenn ihr ihm nicht den Weg ebnet, so wird er nicht kommen; wenn ihr ihm sein Werk nicht vorbereitet, so wird er es nicht beginnen und nicht vollbringen können; wer kann denn wissen, ob nicht diese zionistische Bewegung der Beginn ist jener messianischen Zeit, die uns Gott durch den Mund der Propheten verheißen hat" (Dr. J. Rülf, Rabbiner in Memel).

Die modernen Reformrabbiner haben aber eine ganz andre Auslegung der messianischen Bibelstellen. Nach ihnen ist kein persönlicher Messias zu erwarten, sondern das ganze Volk der Juden ist der Messias und übt jetzt schon seinen messianischen Beruf in der Zerstreuung aus. Ja die Zerstreuung unter alle Völker und durch alle Welt ist notwendig, damit Israel diesen Beruf ausüben könne; sie ist providentiell. Die Juden, so sagen sie, haben den Beruf, das Licht der Völker, der Leuchtturm der Zukunft in der Welt zu sein. Das Judentum muß den Monotheismus unter den Völkern verbreiten; es muß den Völkern ein Beispiel wahrhaft sittlichen Lebens, ein Beispiel der Gerechtigkeit, Brüderlichkeit, Menschenfreundlichkeit und Humanität geben. Schon zwei große monotheistische Religionen hat das Judentum der Welt geschenkt. Sein bloßes Dasein in der Welt und unter den Völkern wirkt versittlichend, veredelnd, missionierend für die wahre Religion und wahre Humanität. Die Juden müssen zerstreut sein, bis alle Völker sich zum Gott der Juden bekehrt haben. Wenn die Juden diesen Missionsberuf jetzt in der Welt haben, dann sind die Rabbiner natürlich die wahren Geisteshelden, dann hängt das Heil der Welt an diesen Rabbinern, und sie haben Recht, wenn sie unter den Völkern bleiben wollen; jetzt schon leben sie da herrlich und in Freuden, haben es so gut, wie sie es nur wünschen, und welche Ehren warten ihrer erst, wenn die Völker es erst einmal merken,

5*

welche Lichter diese Rabbiner sind und welch großen Beruf sie erfüllen! Nicht unpassend nennen die Zionisten diese Leute mit dem treffenden Namen: Missionsrabbiner.

Das ist nun gewiß und unbestreitbar für alle, die an Moses und die Propheten wirklich glauben, mögen sie Juden oder Christen sein, daß das jüdische Volk nicht bloß eine Zu= kunft hat, sondern daß es noch eine große, heilige und er= habene, religiöse Mission in der Zukunft hat, ja daß es nur um dieser „Mission" willen noch eine Zukunft hat und daß diese Missionszeit die wirkliche messianische Zeit sein wird. Aber es muß unbedingt und energisch geleugnet werden, 1) daß jetzt, da die Juden in der Zerstreuung sind, schon die messianische Zeit vorhanden sei; 2) daß seit die Juden in der Zerstreuung sind, sie eine religiöse Mission unter den Völkern gehabt hätten oder jetzt eine solche ausübten unter ihnen.

Es ist hoch erfreulich, daß die jüdischen Zionisten diesem hohlen, mit den Thatsachen der Geschichte durchaus nicht in Übereinstimmung stehenden Geschwätz zu Leibe gehen und gegen diese aufgeblasene Renomisterei sich empören. Wenn die Juden seit ihrer Zerstreuung eine Aufgabe unter den Völkern und eine „Mission" gehabt haben, so war es eine ganz andre, als die von den deutschen Rabbinern behauptete.

Es ist von allseitigem Interesse, auf die Sache etwas gründlich einzugehen. Denn es ist gewiß allen christlichen Deutschen ein ganz unerwartet neuer Gedanke, daß die Juden bisher eine religiöse oder auch nur eine sittliche Mission an ihnen ausgeübt hätten, und daß die jüdischen Rabbiner die eigentlichen Lichter des deutschen Volkes seien!

Ob die Zeit im Golus, wo man die Juden verfolgte, verjagte, zu Tausenden unter blutigen Martern tötete, un= zählige mit Weib und Kindern verbrannte und ihnen gar oft die Alternative, Taufe oder Tod, stellte, und wo heute noch der Antisemitismus seine Orgien feiert — ob diese Zeit schon die messianische sei, das auszumachen, dürfen wir füglich den Gläubigen jener Rabbiner überlassen, die diese Mär aufgebracht haben.

Anders verhält es sich mit dem **Missionsberuf**, den die Juden angeblich schon seit achtzehnhundert Jahren ausüben. Das interessiert uns alle doch recht sehr. Waren etwa die Männer, die uns unsre Religion nach Deutschland oder Frankreich oder England oder Rußland oder Dänemark gebracht haben, Juden? Die heiligen Winfried, Columban, Gallus, Ansgar und wie sie alle heißen, waren doch alles eher, als Rabbiner. Es ist geradezu den Antisemitismus herausfordernd, wenn diese Rabbiner behaupten, die Völker hätten ihre Sittlichkeit von ihnen, die sie unter sich wohnen ließen, gelernt, oder hätten von ihnen etwas derartiges lernen können.

Wenn sie es denn wissen wollen, wollen wir es ihnen sagen, welche Aufgabe sie in den letzten achtzehnhundert Jahren unter den Völkern gehabt, und welche Rolle sie gespielt haben. Zuvor aber wollen wir noch sehen, wie es sich mit den zwei großen monotheistischen Weltreligionen verhält, welche die Menschheit den Juden verdankt. Welche Rolle haben die Juden bei deren Entstehung gespielt?

Ja wohl, das Christentum ist ein echtes Erzeugnis des Judentums, die reife Frucht des Ölbaums, den der Ewige in Abraham gepflanzt hat. Aber als der Stifter des Christentums, Jesus von Nazareth, seine erhabene Predigt vom Reiche Gottes hielt, das Volk zur innerlichen Erneuerung aufforderte und die jüdische Religion so von aller Verknöcherung reinigen wollte, daß sie könnte Weltreligion werden, was haben damals die Rabbiner und ihre Anhänger gethan? Sie haben Jesum den Heiden überliefert, dem römischen Prokurator, der ihn

kreuzigte unter dem jüdischen Beifallsgeschrei! Und seine
Jünger haben sie in die weite Welt gejagt, und so ist wider
ihren Willen das Christentum entstanden. Außer dem Stifter
und seinen Jüngern sind also die Juden nur negativ an der
Stiftung des Christentums beteiligt. Trotzdem rechnen die
modernen Rabbiner die Stiftung dieser großen monotheistischen
Religion sich zum Verdienst und schreiben sie ihren Vorgängern
im Amt zu Jerusalem aufs Konto, damit sie, die Modernen,
sich damit brüsten könnten! Das ist eine merkwürdige Ge=
schichtsanschauung!

Und mit ihrem Anteil an der Entstehung des Jslam,
der zweiten großen monotheistischen Tochterreligion des Juden=
tums, wie verhält es sich da? Auch hier wäre es besser, die
modernen Rabbiner würden davon schweigen. Das Judentum
hat genau genommen gar keinen Grund, auf die Tochterschaft
des Jslam stolz zu sein. Die Gründer des Christentums
waren doch wenigstens Juden; Jesus und seine Apostel und
Paulus waren geborene, echte Juden, erzogen durch die Thora,
bewandert im Wort der Propheten, durchdrungen vom Geist
des Ewigen. Der Gründer des Jslam aber war gar kein
Jude, hat die jüdische Heilige Schrift nicht einmal lesen können,
sondern hat nur von seiner jüdischen Umgebung mancherlei
jüdische Lehren und Gebote, und diese nicht einmal rein, an=
genommen. Wenn nun auch die jüdischen Elemente im Jslam
noch das beste daran sind, so muß man doch sagen, daß sie
nur sehr indirekt dabei mitgewirkt haben, und daß das aus
dem Judentum Genommene nur diente, um eine Verzerrung
des Monotheismus zu stärken und zu stützen. Die Sittlichkeit
des Jslam steht ungeheuer tief unter der Sittlichkeit des
Judentums und der Juden; deswegen kann nur verblendete
Eitelkeit mit dieser Tochterreligion prahlen. Die Juden waren
in Arabien sehr zahlreich; besonders in der Gegend von

Jathrib waren sie sehr verbreitet. Hier, in Medina besaßen sie eine Talmudschule. Ihre Bibelkenntnis aber war gering; sie liebten es, die biblischen Geschichten ins Sagenhafte aus= zuschmücken. In dieser Gegend unter einer großenteils jüdischen Bevölkerung trat Muhammed auf (610). In Mekka, seinem Geburtsort, und auf seinen Handelsreisen hörte er viel von der jüdischen Religion, und ein Verwandter seiner Frau, der Jude geworden und hebräisch lesen konnte, flößte ihm Liebe zum Judentum ein. Er selbst konnte weder lesen noch schreiben. Seine ersten Lehren, die er in krankhaftem Zustand visionärer oder epileptischer Art ersonnen hatte und für Offenbarungen des Engels Gabriel ausgab, tragen ganz jüdische Färbung. Zuerst stellte er nur den Satz auf: Es giebt keinen Gott als Allah. Erst später fügte sein Hochmut als Bekenntnisbedingung den zweiten Satz hinzu: und Muham= med ist sein Prophet. Als Muhammed am Sitze des arabischen Götzendienstes, in Mekka, kein Gehör fand, floh er nach Me= dina oder Jathrib, wo mehr Juden wohnten und die Araber ihn darum williger hörten. Zuerst stellte er sich, als wolle er das Judentum in Arabien zur Anerkennung bringen; ihnen zulieb bestimmte er, daß man sich beim Gebet in der Richtung nach Jerusalem hin wenden solle. Einige Zeit hatte er einen jüdischen Sekretär für die Korrespondenz. So viele Juden glaubten an ihn, daß er ihnen den Ehrentitel „Gehilfen" verlieh. Jerusalem und Sinai sind ihm heilige Orte. Die Propheten erkennt er an; auch die Speiseverbote nahm er an und die biblischen Legenden im Koran sind alle dem Talmud entnommen. Doch dauerte die Freundschaft nicht lange. Die Juden stießen sich daran, daß er nicht die ganze Thora an= nehme und daß er nicht aus dem Hause Davids stamme. Anfangs suchte Muhammed den Streit zu vermeiden. Aber bald kam es doch zu offenen Feindseligkeiten. Seit sie sich

ihm, dem Propheten, widersetzten und von ihrem Judentum
nicht lassen wollten, wurden sie Gegenstand seines Hasses.
Er veröffentlichte eine lange Sura des Korans voll Schmähungen
auf die Juden; er nannte sie Ungläubige, Prophetenmörder,
Verfluchte Gottes, Verfälscher der Offenbarung. Aus dem
Krieg gegen sie brachte er zwei jüdische Frauen nach Hause.
Die eine, Zainab, gab ihm einen Gifttrank, um ihr Volk an
seinem Besieger zu rächen. Das ist der Anteil der Juden
an der Entstehung des Islam. Ob sich damit prahlen läßt?

Aber sind vielleicht die Herren Vorstände des deutschen
Rabbinerverbandes jetzt solche Missionare des Judentums?
Aber dies gilt weder von ihnen, noch von den Juden über=
haupt. Wohin sind denn die Juden zerstreut? Etwa unter die
götzendienerischen Heiden in Asien oder Afrika oder Australien?
Gerade unter den Götzendienern wohnen die wenigsten Juden!
Sie sind fast nur unter die Völker zerstreut, die schon längst
den Ewigen, den einen, wahren Gott, den Schöpfer Himmels
und der Erde, anbeten und verehren. Von den acht Mil=
lionen Juden wohnen fast sechs Millionen unter den Christen=
völkern und wir Christen brauchen nicht erst von ihnen zu
lernen, daß es nur einen einzigen Gott giebt. Die andern zwei
Millionen wohnen zumeist unter Muhammedanern, die auch
schon längst an Einen Gott glauben. Wäre die Verbreitung des
Monotheismus jetzt die Aufgabe und der Beruf Jsraels, so
würde sie Gott unter die Götzendiener zerstreut haben. Aber
nicht die Juden, sondern die Christen sind es jetzt, die diesen
Beruf erfüllen und viele Hunderte von Sendboten nach Afrika,
China, Judien, zu den Jndianern Amerikas und zu den
Papuas Australiens, ja zu den Eskimos in Labrador und
Grönland schicken, um ihnen den einen, wahren Gott zu ver=
kündigen. Die Christen sind jetzt das einzige Missionsvolk.
Die Juden treiben gar keine Mission, weder unter Christen

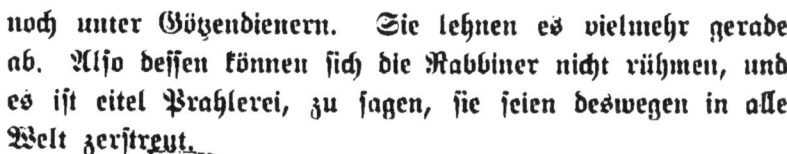

noch unter Gößendienern. Sie lehnen es vielmehr gerade
ab. Also dessen können sich die Rabbiner nicht rühmen, und
es ist eitel Prahlerei, zu sagen, sie seien deswegen in alle
Welt zerstreut.

Daß aber die jüdische Religion und die Juden seit ihrer
Zerstreuung keinen Missionsberuf mehr hatten und auch nicht
haben konnten, liegt in der Natur der Entwicklung, welche
diese Religion seit der Zerstörung Jerusalems genommen
hat. Von diesem Judentum war kein Heil und Segen für
andere Völker zu erwarten, da der ursprüngliche, erhabene
Monotheismus Moses und der Propheten immer mehr zu=
sammenschrumpfte in das geistlose Formwesen des talmudischen
Rabbinismus.

Die nach Jerusalems Zerstörung geflüchteten Rabbiner
hatten in Jabne und Tiberias, sowie am Euphrat im alten
Babel ihre Schulen gegründet. Diese bildeten den letzten
Centralpunkt jüdischen Zusammenhalts. In ihnen pflanzte
sich der jüdische Geist fort. Aber es war eben nicht der groß=
artige Prophetengeist der alten Zeit, der selbst noch im ersten
Exil so lebendig im Volke lebte, sondern nur ein kleinlicher Ge=
lehrtengeist, der im Kleinen groß, immer mehr in gelehrte
Spitzfindigkeiten das Gesetz verknöcherte. Die großen Ge=
lehrten, die Rabbiner, welche dort die Hunderte von Gesetzen
und Gesetzesauslegungen fixierten und zum Talmud abschlossen,
haben zwar den jüdischen Geist erhalten, aber nur dadurch,
daß sie ihn in enge Fesseln schlugen. Diese Fesseln wehrten
allerdings das Eindringen fremden Geistes ins Judentum,
aber seine Regsamkeit war in eine einseitige Schranke gebannt.
Erst in unserm Jahrhundert hat das jüdische Volk diese Fessel
seines Geisteslebens wenigstens im Westen abgeschüttelt, wo=
durch allein es wieder zu neuem Geistesleben erwachte. Der
Talmud ist ein in seiner Art ganz außerordentliches Produkt

des menschlichen und spezifisch jüdischen Geistes, einzigartig in seiner Einseitigkeit, bewundernswert durch den Scharfsinn, der darin waltet, reich an Ernst und Scherz, merkwürdig in seiner Entstehung und seinem Bestand, furchtbar durch seine Gewalt und Autorität über die Geister, — aber welcher unter den Bewunderern des Talmud wollte die Behauptung wagen, daß dies Buch ein Buch für die Menschheit sei, daß sie darin ihre Ideale hätte finden, daraus ihr geistiges Leben schöpfen können? Die besten Köpfe der Juden versenkten sich darin, aber was wäre aus der Menschheit geworden, wenn er das Lehrbuch aller Geister geworden wäre? Der Talmud hat gewiß seine große Bedeutung und gewichtige Bestimmung für das jüdische Volk gehabt: er hat seine geistigen Kräfte gewaltig geübt und geschärft, ihnen Scharfsinn, Witz und Klugheit zu erblichen Eigenschaften gemacht, wie wenige Bücher der Welt dies vermocht hätten, aber er hat die Geister auch gleichsam unter seinem festen Verschluß gefangengehalten. Seitdem der Talmud herrschte, konnten nur diejenigen Geister sich freier entfalten und produktiv etwas der Menschheit Förderliches leisten, welche über den Kreis des Talmud hinaus mit den Ideen und Geistesprodukten andrer Völker in Berührung kamen und eine fruchtbarere Geisteskultur sich aneigneten, als der Talmud bot. Die jüdische Religion in der Form der talmudischen Gesetzlichkeit und Gelehrsamkeit konnte in nichts die Religionsentwicklung der Menschheit fördern. Erst das moderne Rabbinertum Deutschlands hat die tolle Behauptung aufgestellt, durch die Auflösung des jüdischen Volksstaates, durch den Untergang seiner altheiligen, großartigen, religiösen Institute, durch die Zerstörung des Tempels sei der Messias gekommen, d. h. das jüdische Volk sei selbst durch seine Zerstreuung unter die Völker für diese zum Messias geworden. Aber nichts beweist mehr den immensen Größenwahn des

Reformjudentums, als diese allen Thatsachen spottende Behauptung. Die messianischen Ideen der Propheten sind wahrlich weit entfernt vom Gelehrtengeist der Talmudisten, wie der Reformisten, so daß der Wahn, die Juden, welche diesen Talmudgeist als ihr bestes Geistesgut und nur ihn mit in die Zerstreuung nahmen, hätten unter den Völkern einen messianischen Beruf erfüllt, oder die Reformrabbiner, welche nicht einmal den Talmudgeist mehr haben, könnten solchen Beruf erfüllen, geradezu lächerlich, weil absurd ist. Oder man nenne nur eine einzige Idee religiöser Natur, die aus dem Talmud stammt, und wodurch die Juden das religiöse Geistesleben der Völker bereichert oder auch nur befruchtet hätten? Die jüdische Religion, welche zur Zeit Philos so außerordentliche Verbreitung unter den Heiden fand, daß Tacitus, Javenal, Horaz und Persius und andre sich darüber ärgerten, wurde seit der Zerstreuung im Golus nach außen vollständig unwirksam, weil ihr im Innern die Seele zugeschnürt war.

Seit der Tempelzerstörung nahm auch die jüdische Religion einen rein privaten Charakter an. Es war keine Religion des öffentlichen Lebens mehr. Die schönen, heiligen Tempelgottesdienste hatten auch bei Nichtjuden Bewunderung geweckt und unendlich viele Proselyten angelockt, jetzt aber beschränkte sie sich gänzlich auf die Stille der Schule und des Hauses. Tempel, Opfer, Priestertum waren vernichtet und abgethan; da blieb nur noch der Gebetskultus übrig, der nicht in die Öffentlichkeit tritt. Während der altisraelitische Gottesdienst ein öffentlicher war, der mit öffentlicher Pracht gefeiert wurde und der auch heidnische Gemüter überwältigend anzog, wie es denn im Tempel einen eignen Vorhof für die Heiden gab, so entzog der Kultus im Golus sich fast gänzlich den Blicken der Außenwelt und ließ sie gleichgültig, denn was man davon gewahrte, war nur ein monotones Gemurmel mit eigentümlichen Körperbewegungen. Eine solche Religion ist nicht im stande, das öffentliche Leben gar noch andrer Völker zu beeinflussen. Die jüdische Religion hat sich nirgend solchen Ansehens erfreut, daß sie Propaganda hätte machen können. Dies Judentum in der Zerstreuung der letzten 1800 Jahre hat niemals eine Messiasrolle unter den Völkern gespielt, weder das alte talmudische noch das moderne reformerische waren dazu fähig, denn eine nicht in das öffentliche Leben heraustretende, sondern nur privatim innerhalb der vier Wände sich vollziehende Religion gilt im Leben der Völker, im Staats= und Gesellschaftsleben nichts, hat überhaupt keinen Einfluß, sondern muß sich mit der bloßen Duldung begnügen. So war es mit der jüdischen Religion; sie war während dieser achtzehnhundert Jahre nur eine tolerierte Religion, welche wenigstens in den christlichen Ländern niemand imponierte, daher auch keine Wirkung auf weitere Kreise ausüben konnte, wenn auch da und dort ein paar Individuen übertreten mochten.

Also mit der Messiasrolle ist es nichts, und es zeugt von der Wahrheitsliebe der Zionisten, daß sie diesem Gerede ein Ende machen. Hoffentlich hören von jetzt an gewisse Rabbiner auf, ihren Gläubigen an gewissen Festtagen mit moralischen Verdiensten um die Menschheit zu schmeicheln, von denen niemand etwas weiß, am wenigsten ihre Zuhörer selbst. Dieser Selbstbetrug ist nun gerichtet durch die wahrhafte Selbstkritik der Zionisten, welche von ihrem höheren Standpunkte aus sich nicht zu scheuen brauchten, ihn aufzudecken und abzuthun.

Sehen wir aber nun, was während mehr als 2000 Jahren der Beruf und die Aufgabe Israels unter den Völkern in Wirklichkeit gewesen ist. Die Weltgeschichte zeigt es uns deutlich. Das Merkwürdigste und zugleich Wunderbarste an dieser Geschichte ist, daß es seit mehr als 2000 Jahren kein Kulturvolk gibt, welches an der weltgeschichtlichen Entwicklung Anteil hat, mit welchem nicht die Juden in Berührung gekommen wären, und zwar findet solche Berührung hauptsächlich dann statt, wenn irgendwo unter den Völkern eine Krisis eintritt, sei es, daß sich neue Völker und Reiche bilden, sei es, daß sie in einen Zersetzungsprozeß eintreten. Also besonders in den kritischen Zeiten der Völker haben die Juden ihre Mission gehabt. Schon als Handelsvolk kamen die Juden zu allen Völkern, aber sonderbarerweise dringen sie nicht immer aus freien Stücken in ein Volk ein, sondern werden zum öftern wider ihren Willen unter ein solches Volk verschlagen, so daß es den offenbaren Anschein hat, ihnen sei teils mit, teils ohne, teils wider ihren Willen von der Vorsehung die Rolle und Aufgabe in der Weltgeschichte zugeteilt, das kritische Ferment und Element unter den Völkern zu sein. Sie haben eine geistige Aufgabe, nämlich die, den Völkern mit den Handelsprodukten zugleich Kulturelemente zu ihrer Bildung zu übermitteln; so bei Neubildungen von Reichen und Nationen; oder bei Zersetzungsprozessen bilden sie das kosmopolitische Element der Zersetzung. Vom ersten Moment, da ihre Zerstreuung ihren ersten Anfang nahm, ist das ihre welthistorische Rolle, wodurch sie auf Kultur und Politik der Weltvölker tief eingewirkt haben. Sie sind einerseits Vermittler, welche die Kultur von einem Volk zu dem andern übertragen, andrerseits die nationalen Kulturen mit kosmopolitischen Elementen durchsetzen. Kein Volk war für diese große, teils lichtvolle, teils tragische Rolle so geeignet, wie die Juden.

Ihre Zerstreuung begann schon mit dem babylonischen Exil. Dieses Exil führte sie ins Herz der ersten Großmacht

der Welt, die gerade damals den Gipfel ihrer Höhe erklommen
hatte, aber auch ihrem Sturze nahe war und die Zügel der
Weltherrschaft bald den Händen der Perser überlassen mußte.
Am Hofe der letzten babylonischen Herrscher, wie an
dem der ersten Perserkönige haben Juden hohe und ein=
flußreiche Stellungen eingenommen. Ihnen fiel keine andere
Rolle zu, als die, das vermittelnde Element zwischen Assy=
rern und Chaldäern einerseits und Persern und Medern
andrerseits zu bilden.

Als das Perserreich vor der gewaltigen Hand Alexan=
ders in Trümmer sank und dieser seine genialen Träume
verwirklichen wollte, bediente auch er sich der Juden. Die
einzige Schöpfung Alexanders, welche Jahrtausende über=
dauerte und seinen Namen noch in unsrer Zeit lebendig er=
hält, ist die Gründung Alexandrias. Einen Teil des Grund=
stockes zur Bevölkerung der neuen Stadt bildeten mehrere
Tausend Juden, die er hinführen und sich daselbst ansiedeln
ließ. Kein Teil der Bevölkerung verstand es, diese neue
Schöpfung so gut emporzubringen, als wie die Juden. Sie
erhielten einen großen Teil der Stadt für sich gesondert an=
gewiesen, damit sie, wie Josephus sagt, „ein reines Leben
führen könnten und sich nicht mit den Fremden vermischten".
Es zogen sich immer mehr Juden nach Alexandria, so daß
sie von fünf Quartieren zwei ganz bewohnten; aber auch in
den drei übrigen waren ihrer nicht wenige. Sie bildeten fast
das einzig geistig und moralisch gesunde Element unter der
entnervten, durch die unnatürlichen Laster ihres Tierkultus
stumpf gewordenen ägyptischen Bevölkerung. In der allge=
meinen Lethargie dieser alten ägyptischen, für den Unter=
gang reifen Kultur schwangen die Juden sich rasch empor und
machten sich den Herrschern je länger, desto unentbehrlicher.
Ptolomäus VI. Philometor und seine Gemahlin Kleopatra

vertrauten ihr ganzes Reich Juden an und die Befehlshaber
ihres Heeres waren die Juden Onias und Dositheus, und
Juden waren es, die den Ägyptern die griechische Philosophie
mundgerecht machten.

Als die gefährlichsten Stürme die römische Republik
dem Untergang zutrieben, erschienen auch die Juden in der
Hauptstadt der Welt. Wiederum zuerst unfreiwillig. Pom-
pejus brachte von seinem orientalischen Feldzug einige Tausend
als Gefangene nach Rom. Man schenkte ihnen die Freiheit,
denn als Sklaven waren sie nicht zu brauchen, weil sie „nichts
von ihren väterlichen Sitten zu verfälschen gezwungen werden
konnten" (Philo). Mit der politischen Umgestaltung der Republik in eine Monarchie ging bekanntlich eine wirtschaftliche
und sociale Hand in Hand. Der Ritterstand, der nun nicht
mehr im Heer allgemein zu dienen hatte, verlegte sich auf
Geld- und Handelsspekulationen und erwarb sich ungeheure
Kapitalien. Als Handelsleute, Steuerpächter, Agenten beteiligten sich die Juden vielfach an diesen Geschäften, denn sie
kamen in Rom zu so hoher Blüte, daß dem Antisemitismus
zu gefallen Tiberius sie aus Rom vertrieb. Sie hatten aber
ihre Anhänger in den höchsten Kreisen und Neros Gemahlin
Poppäa war allzeit bereit, in ihrem Interesse ihren Gemahl
zu beeinflussen.

Während der Völkerwanderung bildeten sich auf der
iberischen Halbinsel die wunderlichsten Zustände. Hier lebten
auf dem Lande und in den Gebirgen die iberischen Urein-
wohner, in den Küstenstädten und an den Flußthälern wohnte
eine zahlreiche, römische Kolonistenschaft. Dazu kamen nun
die gothisch-germanischen Eroberer. Es kostete schwere, Jahrhunderte dauernde Geburtswehen, bis aus der Mischung aller
dieser und andrer Elemente die spanische Nation entstand.
Dabei sind nun auch wieder die Juden beteiligt. Auch sie

waren seit Urzeiten im Land an der Ostküste. Die stolzen, jüdischen Geschlechter dort führen ihren Stammbaum auf David und Salomo zurück. In ihrer Hand lag der ganze Handel der Halbinsel, zugleich waren sie den meisten Einwohnern an Bildung und Geist überlegen, so daß sie auch an den Fürstenhöfen zu hohen Ehrenstellen gelangten. Die Konflikte blieben nicht aus, und nun begannen die Zwangsgesetze. Die Folge war, daß sie überall in Spanien das Eindringen der Araber begünstigten. So kam wieder ein neues Bevölkerungselement auf die Halbinsel. Den stamm- und sprachverwandten Arabern dienten sie wieder als Vermittler zwischen ihnen und den Landesbewohnern, und die steten Kämpfe zwischen Christen und Arabern machten sie beiden Teilen unentbehrlich. Während dieser Zeit haben sie auch durch Beförderung der Kultur und Wissenschaft sich positiv Verdienste um Spanien erworben. Sie waren nicht bloß die materiellen Zwischenhändler zwischen Arabern und Spaniern, sondern sie tauschten auch die Geistesprodukte zwischen Morgenland und Abendland aus. Zahlreiche jüdische Philosophen, Dichter und Ärzte erstanden. Sie erwarben sich große Verdienste um die Wissenschaft des gesamten Abendlandes. Die Araber nämlich hatten von den Christen Syriens und Kleinasiens die griechische Philosophie gelernt und brachten nun des Aristoteles Schriften in arabischen Übersetzungen mit nach Spanien. Dieses kostbare Gut wäre den Occidentalen noch lange fremd geblieben, wenn nicht Juden die aristotelisch-arabischen Werke ins Latein übersetzt hätten, so daß nun die aristotelische Philosophie sich rasch in Spanien, Frankreich und Deutschland verbreiten konnte. Die Frucht davon war die Scholastik, auf die auch die speziell jüdischen Philosophen, wie Moses Maimon, nicht ganz ohne Einfluß waren. Dies ist die glänzendste und fruchtbarste geistige Leistung der Juden in der

Zerstreuung. Die Gründe, welche trotzdem zu ihrer Ver=
treibung aus Spanien, Portugal, Frankreich und England
geführt haben, können hier nicht auseinandergesetzt werden.

Auf die Renaissance und die Reformation haben die Juden
nur geringen Einfluß gehabt. Auf die erstere nur insofern, als
Männer, wie der Fürst Pico de Mirandola und Reuchlin von
der jüdischen Kabbala tiefere philosophische und religiöse Er=
kenntnisse erwarten, und auf die Reformation wirkten sie, indem
man von ihnen hebräisch lernte, um die Bibel Alten Testaments
ins Deutsche übersetzen zu können. Ihnen selbst aber brachten
beide Bewegungen keinen Vorteil.

Um so mehr Raum schaffte ihnen die französische Re=
volution, durch welche ein gewaltiger Umschwung im ganzen
Geistesleben Europas bewirkt wurde. Sie schaffte dem modernen
Denken und dem modernen Umschwung auf allen Gebieten
des Lebens, der Politik, der Gesellschaft, der Künste und
Wissenschaften freie Bahn. Es ist schon dargelegt, wie daran
sich allmählich in ganz Westeuropa ein materieller und geistiger
Aufschwung des jüdischen Volkes knüpfte. Kein Volk ist durch
die Revolution so tief aufgeregt und so hoch erhoben worden,
wie das jüdische, weshalb viele moderne Juden die Revolution
als den Anbruch der messianischen Zeit ansehen und sogar
der heutige Antisemitismus hat viele noch nicht davon ab=
bringen können. Ihr Ideal, das sie erwarten, ist immer
noch eine kosmopolitische Menschheitsverbrüderung, in der
alle nationalen Unterschiede schwinden sollen, weshalb bis
heute viele Juden den allerfortschrittlichsten Parteien an=
hängen.

Dies ist die wirkliche Rolle, welche die Juden seit ihrer
Zerstreuung in der Geschichte gespielt haben. Es war ihnen
eine Kulturaufgabe unter den Völkern zugeteilt, aber immer
nur eine vermittelnde, keine originale. Sie haben nur den

Übergang der Kultur von einem Volk zum andern zu besorgen gehabt, aber die Kultur selbst war nirgends eine jüdische,
sondern richtete sich immer nach dem nationalen Boden, in
den sie verpflanzt wurde. Eben weil die Juden keinen eignen
Boden und nirgend eine bleibende Stätte hatten, konnten sie
nur Vermittler aber nicht Erzeuger einer originalen Kultur
werden. Obwohl die Juden an allen Kulturen, in allen
Perioden mitgearbeitet haben, ist weder die alte, noch die
mittelalterliche, noch die moderne vom jüdischen Geist erzeugt
und erfüllt, sondern die alte ist griechisch, die mittelalterliche
christlich, und die moderne ist eine gemischte, herausgewachsen
aus der romanischen Renaissance, die das antike Heidentum
erneuerte, und aus der christlichen Reformation, welche die
christlichen Elemente konservierte. Erst in unserm Jahrhundert
emancipiert sich diese Kultur von diesen ihren Ursprüngen
und möchte eine kosmopolitische werden, aber eben darum ist
ihr Charakter überhaupt ein sehr schwankender, der von den ver-
schiedensten Strömungen hin- und hergeworfen wird, und schon
ist sie wieder unter der Wucht des Nationalitätsprinzips in
der Auflösung begriffen, eben weil der Kosmopolitismus keinen
Charakter verträgt und alle natürlichen Wurzeln der Kultur
abschneidet. Der Kosmopolitismus ist das Wurzellose, daher
auch nichts Dauerndes, eine Übergangserscheinung. Nur solange werden Juden Kosmopoliten sein, als sie selbst keinen
Boden haben. International werden sie immer sein, aber
dies ist etwas andres, als kosmopolitisch. Der Kosmopolitismus
möchte alles Nationale verwischen und beseitigen. Der Na-
tionalismus (sit venia verbo) hat selbst eine Nationalität zu
eigen, kann darum auch andre Nationen anerkennen und
international mit ihnen verkehren. Kein Wunder also, daß
die Kosmopoliten unter den Juden dem Zionismus Feind
sind, der auf jüdisch-originale Nationalität dringt, während

jene ihre eigene Nationalität verleugnen und die andrer Völker zu zerstören suchen. Dies ist wenigstens konsequent.

Inkonsequent sind aber die Assimilanten, zu denen jene Protestrabbiner gehören, welche einerseits eine kosmopolitische Kultur haben möchten, deren Lichter sie wären, dagegen andrerseits um fremde Nationalität betteln und dafür schwärmen, echte Deutsche und Franzosen und Magyaren zu werden. Kulturell wollen sie Kosmopoliten, politisch Germanen und dergleichen und religiös wollen sie jüdischer Konfession sein: eine saubere Mischung.

An der Vaterlandsliebe der Assimilanten unter den deutschen Juden zweifeln wir Deutschen nicht. Wir glauben es gerne, daß sie unserm Vaterland angehören möchten, obgleich dieses nicht ihnen angehört vonwegen ihrer ungleichen Abstammung. Aber daran zweifeln wir, daß ihr Assimilationseifer zum Ziele kommen kann, denn es ist doch immer eine Assimilation mit Hindernissen, solange sie nicht auch ihre „Konfession" aufzugeben gewillt sind, eben weil ihre „Konfession" in solidarischer Verbindung mit ihrer angestammten Nationalität steht. Die Deutschen werden nie beschnittene Deutsche, welche sich anders nähren als sie, und sich anderswo begraben lassen als sie, als wahre Deutsche annehmen und anerkennen, auch wenn sie gleiches Staatsbürgerrecht haben. Auch dies haben die Zionisten recht gut erkannt; sie sind viel einsichtsvoller als die Assimilanten, welche in ihrer aussichtslosen Zudringlichkeitsrolle verharren wollen. Die Zionisten haben auch schon erkannt, daß diese Assimilationssucht recht eigentlich die Quelle des heutigen Antisemitismus ist. Darin ist Besserung der Zustände nur vom Zionismus zu erwarten. Hoffen wir, daß die Assimilanten und ihre Rabbiner auch bald zu besserer Einsicht gelangen.

V.

Hoffnungen und Erwartungen.

„Der Zionismus wird eine heilsame Krisis des Judentums werden. Die Gegensätze, die entstehen, müssen zu einer Klärung verrotteter Verhältnisse und endlich zu einer Läuterung des Volkscharakters führen". Dies sind aufrichtige und dankenswerte Worte des einsichtsvollen Begründers des Zionismus und der national= jüdischen Bewegung. Sie finden sympathischen Wiederhall bei allen, welche die Judenfrage gründlich und endgültig ge= löst sehen möchten. Es erweckt Aussicht auf eine solche gründ= liche und endgültige Lösung.

Die heutigen Zustände können ja nicht in Ewigkeit so dauern. Sobald an einem Ort und in einem Lande die Juden= frage etwas zurücktritt und der Antisemitismus verstummt, bricht beides an andrem Ort, in andrem Land um so heftiger aus. Dies ist ein sicherer Beweis, daß im Verhältnis der Juden zu den andern Völkern etwas Ungesundes liegt, das beide Teile nicht zur Ruhe kommen läßt. Vom Zionismus erhoffen wir eine Gesundung der Verhältnisse. Es ist ein Wort des Stifters der christlichen Religion: „Die Wahrheit wird euch frei machen"; dies Wort wird sich auch hier bewähren, wenn der Zionismus fortfährt in strenger Selbstkritik der Wahrheit Raum zu geben. Auch die Freunde des jüdischen Volkes haben bisher so oft diese Selbstkritik an so vielen Vertretern des jüdischen Stammes vermißt, wodurch ihnen die Wahrheit über

sich und über andre verborgen blieb. Wir sind weit entfernt,
ihnen dabei üble Gesinnung unterzulegen, denn wir wissen,
wie ihre Lage es mit sich brachte, sich selbst und andre nicht
klar sehen und beurteilen zu können. So entstanden „ver=
rottete Verhältnisse", deren Klärung allseitig erwünscht ist.
Diese „Läuterung des Volkscharakters" ermöglicht aber der
Zionismus, eben weil er sich auf die gesunde Basis der
Nationalität und des Nationalgeistes stellt, und auf dieser
festen Basis stehend, kann er eine heilsame Krisis des Juden=
tums bewirken. Wir erhoffen sie von ihm! Dann werden
die Juden auch von den Nichtjuden mit ganz andern Augen
angesehen und viel gerechter beurteilt werden. Den Anfang
dazu hat schon der Basler Zionistenkongreß gemacht. Als
ein einfacher Bürger auf der Gallerie die besonnenen, ernsten
Reden und Verhandlungen gehört hatte, konnte er sich nicht
enthalten zu sagen: „So habe ich die Juden noch nicht ge=
kannt". Fährt der Zionismus so fort in seiner Gesinnung,
seinen Reden, seinen Handlungen, dann werden alle ehrlichen
Nichtjuden auch so sagen müssen. Wie heilsam wäre das
zum friedlichen Zusammenleben aller beiden Nationen und
Religionsangehörigen. Es ist ja wahr und ein beklagens=
wertes Übel bisher gewesen: Man kennt sich zu wenig. Die
Scheidewand ist zu hoch, der Graben zu tief, der beide Teile
bisher getrennt hat, und warum? weil jeder fürchtete, vom
andern beeinträchtigt zu werden. Der Deutsche wollte den
Juden nicht in seine Nähe kommen lassen aus Furcht, den Juden
gelüste nach der deutschen Nationalität und den Vorteilen
daraus, und der Jude hielt sich fern, aus Furcht, man ver=
höhne ihn seiner Rasse und Eigenheiten wegen. Der Zionis=
mus bringt die rechte Klärung in die Gegensätze und eine
heilsame Krisis, das hoffen wir von ihm! Der Zionismus
wird dem Juden zurückhaltende Würde, bestimmten Charakter

verleihen und den Nichtjuden Achtung davor. Die Juden
drängten sich, Deutsche zu scheinen, um der Verachtung los
zu werden, die auf ihnen lastete, und sie merkten nicht, daß
sie damit nur die Verachtung noch häuften. Werden sie den
Stolz und den Mut haben, Juden zu sein, dann wird man
sie mit der Achtung behandeln, die einer unterdrückten und
leidenden Nation gern gezollt wird. Aber Juden zu sein,
sich seiner Abstammung zu schämen und Deutsche scheinen zu
wollen, das ist verächtlich. Die Besserung der bisherigen
Zustände erwarten wir also vom Zionismus, weil er den
Grund zur Besserung in sich trägt.

Wie wird denn aber die Klärung, welche die Krisis bringt,
beschaffen sein?

Die Basis und der Ausgangspunkt der gegenwärtigen
Zustände ist die Emanzipation. Sie ist, wie alles historisch
gewordene, ein notwendiges Erzeugnis der Zeit und der Um=
stände und der die Zeit bewegenden Ideen. Es wäre mit
dem Geist und den Ideen der Neuzeit gänzlich unverträglich
gewesen, wenn die modernen, geistig und sittlich vorgeschrittenen
Völker die Juden in ihrer Mitte von den Segnungen der
modernen Kultur ausgeschlossen und in dem unwürdigen Zu=
stand weiterhin belassen hätten, in den sie herabgedrückt worden
waren. Diese Ungerechtigkeit wäre ein Hohn auf die Kultur
und Moralität der modernen Völker gewesen. Kultur und
Moral forderten die Gleichstellung der Juden mit den übrigen
Staatsbürgern. Es war dies der einzige Weg, die Juden
geistig zu heben und sie am Geistesleben der übrigen Mensch=
heit teilnehmen zu lassen. Die Judenemanzipation gehört mit
zu den leuchtendsten und edelsten Thaten unsres Jahrhunderts,
und wir möchten diese nicht in seinem Ruhmeskranz missen.
Dies schließt aber nun nicht aus, daß daraus allerlei Miß=
stände für beide Teile erwuchsen.

Die mit vollen Rechten und Pflichten neu aufgenommenen Staatsbürger waren ganz andrer Rasse und Nationalität, mit andrer Religion und andern Sitten, in sich abgeschlossen und von anderm Geist. Bisher verachtet und den Landesbewohnern unsympathisch, traten sie nun mit diesen in die gleiche Reihe, konkurrierten mit ihnen auf allen Gebieten des Lebens, in Handel und Gewerben, in Künsten und Wissenschaften, in Beamtungen und Ehrenstellen, und je schneller und leichter die Juden alle Hindernisse und Schwierigkeiten überwanden, um so schwerer wurde auf allen Gebieten ihre Konkurrenz, ja schon ihr Dasein empfunden. Das alles war geeignet, nicht die Antipathie erlöschen zu lassen, sondern sie immer mehr zu Abneigung und Haß anzufachen. Der Antisemitis= mus mußte um so stärker anschwellen, je kräftiger die Juden die Gunst der Verhältnisse zu ihrem Vorteil ausbeuteten. Die Furcht, der steigenden Macht und Zahl der Juden am Ende erliegen zu müssen, bemächtigte sich der Völker. Und als nun gar das Nationalitätsprinzip in den Völkern sich regte, da empfanden sie es doppelt schwer und unleidlich, daß eine fremde Rasse und fremde Nation ihnen im Nacken sitze und sich in ihre Rasse und Nation eindränge. Der nationale Volksinstinkt wollte sich das nicht gefallen lassen und empörte sich gegen die, die man nur für unberechtigte Eindringlinge hielt. Hatte in früheren Jahr= hunderten der Haß gegen die Juden und die Antipathie gegen die semitische Rasse mehr religiöse Färbung angenommen, so zeigen sie seit dem Aufkommen des Nationalgefühls in den Völkern sich mehr in ihrem eigentlichen Wesen, als Nationalitätsgegensätze.

Um die Antipathie und den nationalen Gegensatz zu über= winden, machten nun eine Menge von Juden die wohlmeinend= sten Anstrengungen, sich ihren Mitbürgern möglichst zu assi= milieren, sie wollten in keiner Weise, höchstens noch in der Religion, für Juden gelten, alle äußeren Unterschiede fahren

laſſen und die Nationalität derer annehmen, deren Mitbürger
ſie waren. Aber ſie blieben eben doch Juden und alle An=
ſtrengungen, aus ihrer eigenen Haut zu fahren und ſich in
die andrer Völker zu kleiden, blieben umſonſt. Andre ſchlugen
andre Wege ein. Manche glaubten die Gegenſätze ausgleichen
zu können, indem ſie das, was den Völkern bisher heilig und
teuer war, ihrem Hohn und Spott ausſetzten; ſie wollten
unter den Völkern einen Umſchwung ihrer Anſchauungen,
Inſtitutionen und Gewohnheiten hervorbringen, der ihnen
günſtig wäre, und ſo ſtellten ſich viele an die Spitze der liberal=
ſten und radikalſten Parteien auf religiöſem, politiſchem und
ſocialem Gebiet. Dadurch erweckten ſie um ſo mehr den Arg=
wohn, die Juden hätten es auf die geiſtige, politiſche und
ſociale Herrſchaft über die Völker abgeſehen, und die anti=
ſemitiſche Reaktion wurde nur um ſo ſchärfer und erſtreckte
ſich bald über alle Volksklaſſen.

Heute liegt die Sache ſo, daß außer der allerunterſten
Volksklaſſe, der eigentlichen Arbeiterklaſſe, die in keiner Weiſe
von der Konkurrenz der Juden zu leiden hat, da keine Juden
Fabrikarbeiter ſind, alle übrigen Volksklaſſen mehr oder weniger
offen oder heimlich dem Antiſemitismus huldigen und nichts
lieber ſehen würden, als wenn die Emanzipation aufgehoben
oder die Juden verjagt würden.

Dies ſind ungeſunde und unhaltbare Zuſtände; es iſt wie
ein Geſchwür im Volkskörper, das nie verheilt, ſondern bald
da bald dort zum Ausbruch kommt. Die Antipathie der Völker
zu überwinden wird den Juden nirgends gelingen, wo ſie
einen bedeutenderen Bruchteil der Bevölkerung bilden und in
Maſſe am öffentlichen Leben Anteil haben wollen. Es muß
alſo nach einem, des Jahrhunderts, ſeiner Kultur und Moral
würdigen Ausweg geſucht werden. Der Zionismus, wenn
er zum Ziel gelangt, wird ihn bieten.

Allerdings wird zunächst eine Zeit der Krisis eintreten, denn die national-jüdische Bewegung wird nicht so geschwind ihr Ziel erreichen können. Dies Übergangsstadium kann aber schon einige Erleichterung der Mißstände bringen; das möchte wohl gehofft werden dürfen. Je mehr nämlich der national-jüdische Sinn in den Juden erstarkt und das Nationalgefühl kräftig wird, um so weniger werden sie in die fremde Nationalität sich einzudrängen willens sein. Ihr Staatsbürgerrecht kann und darf ihnen nicht geschmälert werden, aber sie werden bedenken, daß Staatsbürger fremder Nationalität sich eine gewisse Reserve in ihren Ansprüchen auf ihre Rechte auferlegen müssen. Nehmen wir ein Beispiel! Zum Königreich Preußen gehören außer den Deutschen auch noch Dänen, Polen und Wenden. Sie sind alle Staatsbürger mit gleichen Rechten, aber doch wollen die Dänen und Polen und Wenden nicht Deutsche sein; sie wissen, daß sie andrer Nationalität sind und sträuben sich sogar gegen die Germanisierung. Die Folge ist, daß sie auch zu höheren Beamtenstellen nicht gelangen können und gar nicht wollen. Nur ganz germanisierte Dänen oder Polen könnten Aussicht auf eine Minister- oder Generals- oder Gerichtspräsidentenstelle haben. Gewiß würde es auch in den rein deutschen Provinzen Preußens von der Bevölkerung sehr ungern gesehen und nicht auf die Länge ertragen werden, wenn etwa die Polen einmal en masse studieren, die deutschen Gymnasien und Universitäten überschwemmen und in alle Beamtenstellungen sich eindrängen wollten. Selbst mit dem besten Willen könnte die Staatsregierung da den Dingen nicht freien Lauf lassen. Die Dänen und Polen wissen, daß sie nur unter der gleichen Nationalbevölkerung und da nur bis zu einem gewissen Maß auf Beamtungen und Ehrenstellen können Anspruch machen. Weil aber bisher die Juden um jeden Preis für Deutsche gelten wollten, obwohl

die Deutschen dies beschnittene Deutschtum nicht anerkennen
konnten, darum haben sie sich bisher keine solche Reserve auferlegt. Sie glaubten dies nicht nötig zu haben, weil sie ja
Deutsche seien. Sie sind es aber nur in ihrer eigenen Meinung,
nicht auch in der des deutschen Volkes. Sie werden nun
lernen, sich ihrer eigenen Nationalität zu erinnern und damit
werden sie auch lernen, sich dieselbe Reserve aufzuerlegen,
die sich die Dänen und Polen und Wenden und Franzosen
im Deutschen Reich auferlegen und werden sich nicht mehr
über ihre Zurücksetzung beklagen, sondern die Stimmung des
deutschen Volkes begreifen. Denn keine Nation verträgt es,
von einer Minderheit andrer Nationalität beherrscht und geleitet zu werden. Können und wollen die Juden wieder ihre
eigene Nationalität pflegen, dann wird ihre ungesunde Sucht,
sich wider den Willen der Germanen selbst germanisieren zu
wollen, allmählich abnehmen und schwinden. Sie werden die
Sache mit dem deutschen Staatsbürgerrecht dann anders ansehen lernen. Sie werden dann sagen: Wir sind Juden —
a b e r jetzt zugleich noch deutsche (resp. preußische u. s. w.)
Staatsbürger; und weil wir Juden sein und bleiben wollen,
wollen und können wir moralischerweise von den Rechten nur
so weit Gebrauch machen, als unser jüdisches Nationalgefühl
nicht beeinträchtigt wird und von uns kein Opfer der Nationa-
litätsänderung verlangt wird. Während sie es jetzt nur allzu-
leicht mit dem Wechsel und Tausch der Nationalitäten nehmen,
werden sie lernen, es damit ernst zu nehmen. Dies erwarten
wir von den Juden durch den Einfluß des Zionismus. Die
Juden werden wieder das Nationalgefühl bekommen, das alle
Juden seit Abraham bis auf die französische Revolution be-
sessen haben. Abraham zog als Fremdling in Palästina um-
her und wäre um nichts in der Welt ein Canaaniter geworden.
Die Juden in Ägypten blieben Fremdlinge. Nur in Palästina

gründeten sie ihre Heimat und bildeten ihren Nationalcharakter. Als Antiochus sie zu Griechen machen wollte, kämpften die Makkabäer den ersten Freiheitskampf für ihren Gott und ihre Nationalität. Überall im römischen Reich blieben sie ihrer Nationalität treu und betrachteten sich als Gäste und Fremd= linge. Im ganzen Mittelalter haben sie lieber Leib und Leben, und Hab und Gut preisgegeben, als ihre Nationalität geopfert. Nur vielleicht in Spanien könnte man denken, sei es anders gewesen; aber wenigstens die spanische Nation sah die Sache anders an; sie vertrieb die Juden, damit die spanische Nation nicht verjude, nicht weil die Juden gar zu spanisch. geworden wären. Und als der alte Kaiser Nikolaus I. von Rußland die russischen Juden einigermaßen russifizieren wollte und ihnen die langen Bärte und Locken und Röcke abschneiden ließ, empfanden sie es als Vergewaltigung ihrer Nationalität. Nur bei den westeuropäischen Juden unsres Jahrhunderts brachten die modernen Ideen und der materielle Vorteil es zu stande, daß die Juden ihr altes Nationalgefühl, mitsamt ihren historischen Traditionen verloren und leichthin preis= gaben. Diese Verirrung des moralischen Gefühls wird ein Ende nehmen und eine Läuterung des jüdischen Volkscharak= ters eintreten.

Aber dann darf wohl auch von den andern Völkern, vorab vom deutschen, manches erwartet werden, nämlich daß der gemeine und niedere Brot= und Konkurrenzneid, der in dem Ruf gipfelt: „Kauft nichts bei Juden!" endlich aufhöre und diesem unlautern Wettbewerb, der auf nationalen und religiösen Haß spekuliert, ein Ende gemacht werde! Handel und Gewerbe, Kauf und Verkauf, Produktion und Konsum= tion von materiellen Gütern hat nichts mit Nationalität und Religion zu schaffen, und die Juden haben vollen Anspruch, nach dieser Richtung hin energisch geschützt zu werden. Der

Geschäftsantisemitismus ist der gemeinste und gehört unter den Unfugparagraphen gestellt. Von einem Volk, wie dem deutschen, darf so viel Moralität gefordert werden, daß es nationale und religiöse Gegensätze nicht zu eigennützigen Vorteilen mißbrauche. Übrigens hat dieses Geschrei, nichts bei Juden zu kaufen, denselben nur wenig geschadet; denn kein Verständiger läßt sich dadurch bestimmen, zumal da die Erfahrung reichlich zeigt, daß es unter Christen wie Juden in gleichem Prozentsatz unsolide und unreelle Geschäfte gibt. Handel und Gewerbe der Juden zu schädigen, würde bald als ein national=ökonomischer Fehler erkannt werden. Weil also jenes Geschrei ein grundloser und im Prinzip unmoralischer Unfug ist, sollte er energisch unterdrückt werden. Nicht die solidesten und reellsten Geschäftsleute sind es, die diesen Ruf ertönen lassen.

Und noch ein andres dürfte von den Deutschen erwartet werden. In jedem Menschen lebt die Sucht, alles zu verallgemeinern und das Benehmen, Reden und Handeln Einzelner gleich ins Allgemeine zu ziehen und allen Gliedern desselben Standes und Volkes, derselben Nation und Religion zuzuschreiben. Durch diesen falschen Verallgemeinerungstrieb wird tausendfaches Unrecht begangen und zwar ganz besonders an den Juden. — Die Fehler und Mängel, die unangenehmen Eigenschaften, das dreiste Benehmen einzelner werden allen beigelegt und darüber wird auch das viele Gute der übrigen gänzlich übersehen und ignoriert, denn merkwürdigerweise ist die menschliche Natur mehr geneigt, das Schlechte und Üble zu verallgemeinern, als das Gute und Löbliche. Den Ungebildeten wird man diesen Fehler nicht abgewöhnen können, eben weil es eine natürliche Neigung ist, und alle Naturkinder nach dieser Logik verfahren. Aber die Gebildeten eines Volkes sollten soviel Urteilskraft und Gerechtigkeitssinn

besitzen, daß sie auch den Juden gegenüber und im socialen
Verkehr mit ihnen nach dem Rechtsgrundsatz verfahren könnten:
Quisquis praesumiter bonus, donec probetur malus d. h.
zu deutsch: Komme jedem mit Freundlichkeit und Humanität
entgegen, bis er sich dessen wirklich als unwürdig zeigt. Unsere
eigene Humanität und Liebenswürdigkeit könnte dadurch nur ge=
winnen, und es würde solches Verfahren auch viel zur Läuterung
des jüdischen Charakters beitragen. Es ist ja begreiflich, daß das
Benehmen der Juden im socialen Verkehr noch unsicher und
schwankend und besonders, wie geklagt wird, zur Dreistigkeit und
Zudringlichkeit geneigt ist. Erinnern wir uns nur: Jahrhunderte
waren sie verachtet, aller Verhöhnung ausgesetzt, — jetzt sind
sie plötzlich in alle Rechte und Ehren eingesetzt; wie viele von
uns würden da nicht auch das Gleichgewicht verlieren, und
ihr gleiches Recht auch mit Dreistigkeit und Zudringlichkeit
geltend machen? Das sind Fehler, welche sie ablegen werden,
wenn ihre sociale und politische Stellung sich geklärt und auf
sicherer Basis erbaut hat.

Noch eins muß aber gesagt werden. Die Reserve im
politischen und socialen Leben muß eine von den Juden sich
selbst freiwillig auferlegte sein, wozu sie selbst sich getrieben
fühlen durch ihr eigenes, lebendig gewordenes jüdisches National=
gefühl. Sie muß in ihnen selbst aus ihrer jüdisch=nationalen
Gesinnung erwachsen. Von außen durch andre kann sie ihnen
nicht aufgedrungen und nicht zwangsweise von ihnen gefordert
werden. Es ist etwas Moralisches. Aber diese moralische
Selbstbeschränkung wird ihnen reichlich vergütet werden eben
dadurch, daß die antisemitischen Plackereien und das Toben der
Judenfeinde dann von selbst aufhören muß. Wir Deutschen
können nur eins dazuthun, nämlich das, daß wir die jüdisch=
nationale Bewegung mit Sympathie begrüßen und in jeder
Weise mit der That unterstützen. Es liegt ganz und gar

im deutschen Staats= und Volksinteresse, diese Bewegung zu
fördern und alles zu thun, was in deutschen Kräften steht,
den Juden zu ihrem Heimatland zu verhelfen. Die Staaten,
welche für die national=jüdische Bewegung eintreten, werden
damit den Frieden in ihrem eigenen Innern fördern und eine
Frage aus der Welt schaffen, die schon so oft das innere
Volksleben in Aufregung versetzt hat. Es steht sicherlich zu
erwarten, daß die zionistische Bewegung von allen deutschen
Regierungen unterstützt wird, jetzt vielleicht nur erst platonisch,
durch stille Sympathie; wenn sich aber Gelegenheit bietet und
die Umstände im Orient sich günstig gestalten, gewiß auch
durch thatkräftiges Handeln. Für Deutschland gibt es keinen
Grund, Palästina lieber in andern Händen zu sehen, als in
denen der Juden.

Erst wenn die Juden im wirklichen Besitz Palästinas
sind, tritt die Judenfrage in ihr letztes Stadium und kommt
zur endgültigen Lösung in den europäischen Staaten.

So wenig ein Mensch gleichzeitig zwei Nationen ange=
hören kann, kann er auch zwei Staaten angehören. Existiert
einmal ein jüdischer Staat, dann haben die andern Staaten
ein Recht, die Juden in ihrem Bereich vor die Frage zu
stellen, ob sie ihre Staatsangehörigkeit behalten oder dem neuen
jüdischen Nationalstaat angehören wollen. Die Juden werden
optieren, nicht für Dableiben oder Fortgehen. Zur Aus=
wanderung wird niemand gezwungen werden können, solange
er den Landesgesetzen gehorsam ist, wohl aber, ob er Bürger
hier bleiben, oder ob er sein Bürgerrecht hier aufgeben will,
um in die Bürgerrollen Jerusalems eingeschrieben zu werden
und dort Bürgerrecht, hier aber Fremdenrecht zu erhalten,
und nur die Vorteile ausländischer Niedergelassener fortan
zu genießen. Diese letzteren werden unter dem völkerrecht=
lichen Schutz ihrer Gesandten, Konsuln und Botschafter stehen,

wie andere Ausländer. Der neue jüdische Staat wird nämlich
ein Bürgerrecht einführen müssen, ähnlich dem altrömischen
in der Kaiserzeit, das weit die Grenzen Roms überschritt
und sich nicht bloß auf in der Stadt Geborene beschränkte,
sondern auch Ausländern verliehen werden konnte. So
werden nicht bloß die, welche wirklich nach Palästina aus-
wandern, das Bürgerrecht daselbst besitzen, sondern auch die,
welche zurückbleiben, aber ihrer jüdischen Nationalität treu
bleiben wollen, werden es erhalten können als Vergütung
für die Aufgabe des Bürgerrechts in dem Staate, in dem sie
wohnen bleiben.

Diejenigen aber, die nicht für Palästina optieren, die
ihr deutsches Bürgerrecht behalten unter gänzlichem Verzicht
auf alles Anrecht in Palästina, werden damit auch ihren Aus-
tritt aus der jüdischen Nation und aus dem jüdischen Volk
erklären. Damit erst erhält dann der Staat, in dem sie
bleiben, das Recht, nun auch zu verlangen, daß sie voll und
ganz und bis in alle Konsequenzen seine Nationalität annehmen
und alle Erinnerungen und Anhängsel an ihre frühere jüdische
Nationalität aufgeben und dafür in alle Rechte und Vorteile
der Staatsbürger vollgültig und unverkürzt eingesetzt zu
werden. Solche kann dann der deutsche Staat zwingen, volle
und ganze und unbeschnittene Deutsche zu werden. Wie sie
sich dann aber mit ihrer jüdischen „Konfession" abfinden wollen,
bleibt ihre Sache. Ihnen wird es dann gehen, wie es den
zehn Stämmen in Chaldäa, Babylon, Medien und Persien gegangen ist, sie werden mit ihrer Nationalität auch ihre Religion
aufgeben und vollständig unter den europäischen Völkern aufgehen und von ihnen absorbiert werden. Ob das dann auch
so viele sein werden, wie damals? Wir erwarten es nicht.
Wir glauben, daß Jerusalem und das Land ihrer Väter
eine unendliche Anziehungskraft ausüben wird auf alle Juden,

wenn sie seine neue Blüte, seinen Aufschwung und seine Be=
deutung sehen werden.

Eine solche gründliche Lösung der Judenfrage erhoffen wir
von dem Gelingen der zionistischen Bewegung. Und wenn
auch die endgültige Lösung sich lange hinausschieben wird, so
darf sie und muß sie doch jetzt schon prinzipiell ins Auge gefaßt
werden. Eine andre Lösung, die ausgeführt werden könnte
ohne Unrecht und Unbill, wird sich ja wohl kaum finden lassen.
Daher wünschen und hoffen wir auch, daß die Führer der
Bewegung besonnen und kräftig auf dem angetretenen Wege
fortgehen und ihr Ziel unverändert im Auge behalten, soviel
Widerstand sie auch von seite ihrer Volksgenossen finden.
Mögen sie nicht müde noch matt werden und möge ihre Agi=
tation in Deutschland und dem ganzen westlichen Europa so
viel Erfolg haben, wie im Osten und Südosten.

Sie selbst, die Zionisten, knüpfen ja für ihr Volk und
die ganze Kulturwelt noch unendlich viele und große Hoff=
nungen an ihr Unternehmen. Wir wollen uns bescheiden,
dies ganz ihnen selbst und der Zukunft zu überlassen. Für
uns ist es genug, die Folgen ins Licht zu stellen, welche mit
den Verhältnissen unseres eigenen Volkes zusammenhängen.
Die Zionisten werden um dieser ihrer weiteren Hoffnungen
willen vor den von uns gezogenen Konsequenzen nicht zu=
rückschrecken. Wohl aber mögen die schwankenden, halben,
deren Charakter die Charakterlosigkeit ist, über unfre Aus=
sichten in Besorgnis und gelinde Verzweiflung geraten, wie
alle, die sich nur in Halbheiten wohl fühlen; aber eben für
diese wird es um so heilsamer sein, wenn sie sich für oder
wider entscheiden und aus ihren „verrotteten Verhältnissen"
heraus zur „Klärung und Läuterung ihres Volkscharakters"
schreiten müssen. Wir werden dann auch wissen, wie wir mit
diesen daran sind.

Unſrem deutſchen Volke aber wünſchen wir, daß es in Ruhe und Beſonnenheit die Kriſis im jüdiſchen Volke ihren Gang gehen laſſe, daß es die Juden zu nichts drängen und nötigen wolle, damit die Bewegung nicht in Verwirrung und Überſtürzung und dadurch erſt recht ins Stocken gerate. Wir müſſen jetzt neutrale Zuſchauer ſein und die Judenfrage ruhig durch die Juden ſelbſt ihrer Löſung entgegenführen laſſen.

VI.

Die Zionisten und die Christen.

In wessen Händen das heilige Land sei, kann uns Christen nicht einerlei sein. Es war der Christenheit immer ein Stachel im Herzen, das Land, das die heiligsten Erinnerungsstätten an den Stifter der christlichen Religion umschließt, in den Händen der Moslim zu wissen. Die Kreuzzüge zeugen davon, was die Christen des Westens es sich kosten ließen, diese heiligen Stätten den Ungläubigen wieder zu entreißen. Alle Versuche schlugen fehl, nach den Arabern kamen die seldschuckischen Türken in den Besitz Palästinas und besitzen es heute noch. Aber die Liebe zum heiligen Lande, das Interesse für die heiligen Stätten ist nicht geschwunden, vielmehr werden die christlichen Interessen dort gepflegt, wie noch nie zuvor. Alle Kirchen wetteifern, in Palästina festen Fuß zu fassen, sich auszubreiten und Einfluß zu gewinnen. In der thatkräftigen, opferwilligen, das Wohl des Landes fördernden Liebe kamen sie den Juden lange zuvor. Schon seit Jahrzehnten errichteten alle christlichen Kirchen in immer steigender Zahl Klöster, Kirchen, Spitäler, Schulen durch ganz Palästina. Die Wallfahrten nach den heiligen Stätten vermehrten sich überraschend, selbst bei den christlichen Fürsten wurde es fast Mode, einmal die heiligen Stätten zu sehen. Mit der griechischen und russisch=griechischen Kirche wetteiferten nicht bloß die Armenier und die Kopten, sondern besonders die römische

Kirche und die protestantische. Der Papst ernannte wieder einen
Patriarchen für Jerusalem, und auch die anglikanische Kirche
gründete schon vorher ein Bistum. Ja auch die Sekten blieben
nicht zurück. Lange bevor den Juden auch nur der Gedanke
kam, jüdische Ackerbaukolonien in Palästina zu gründen, zogen
in den sechziger und siebziger Jahren einige hundert kräftige
schwäbische Bauern, die „Templer", ins heilige Land und
gründeten Kolonien, die heute noch blühen und gedeihen.
Ihnen ist vieles zu danken. Sie bauten die Straße von
Jaffa nach Jerusalem, richteten die erste Fahrgelegenheit darauf
ein und gründeten das erste europäische Hotel in Jerusalem.
Christen waren es, die den Bau der ersten Eisenbahn in
Palästina von Jaffa nach Jerusalem betrieben und ausführten.

Es handelt sich also jetzt gar nicht mehr nur um die
heiligen Stätten der Erinnerung, sondern um zahlreiche christ=
liche Kirchen, Gemeinden, Klöster, Schulen, Spitäler, die in
Palästina vorhanden sind. Geht doch eben jetzt die große
Kirche ihrer Vollendung entgegen, welche die deutsche Gemeinde
in Jerusalem sich erbaut, und zu deren Einweihung der deutsche
Kaiser eine Wallfahrt nach Jerusalem unternehmen wird. Die
christlichen Interessen sind nicht bloß historischer, sondern recht
bedeutend aktueller Natur und die Christen, die christlichen
Kirchen und die christlichen Staaten müssen sich mit Recht
fragen: was würde aus all unsern vielen Instituten und
Niederlassungen werden, wenn die Juden das Land in Besitz
nehmen würden? Es würde nicht genügen, die paar heiligen
Stätten zu exterritorialisieren und unter völkerrechtlichem
Schutz zu lassen, worunter sie jetzt schon stehen. Es handelt
sich um noch unendlich viele andre Interessen, so daß, abge=
sehen von den großen, allgemein politischen Verhältnissen, die
die Zionisten nötigen, mit den Großmächten sogut, wie mit
dem Sultan in Verhandlung zu treten, sich auch die Not=

wendigkeit herausstellen wird, wegen der speziellen kirchlichen
Verhältnisse sowohl mit allen christlichen Kirchen, als auch mit
den Staaten, den Beschützern dieser Kirchen, in diesbezügliche,
schwierige Verhandlungen zu treten. Es wird sich wohl bald
herausstellen, daß die Verhandlungen mit dem Sultan gar
nicht, wie die Zionisten zu glauben scheinen, die Hauptsache
sind, sondern fast gar geringfügig erscheinen gegenüber
den Schwierigkeiten, die sich ergeben werden in den Ver=
handlungen mit den christlichen Staaten und Kirchen. Diese
Angelegenheiten müssen wohl auch zuerst ins Reine gebracht
werden, ehe die Großmächte sich in irgend einer Weise für
die Besitznahme Palästinas durch die Juden interessieren
können, denn man muß doch wissen, ob nicht noch viel mehr
Verwicklungen und Reibungen entstehen werden, wenn auch
die Juden aktiv in Palästina auftreten, als jetzt schon vor=
handen sind. Jetzt herrscht ein leidlicher modus vivendi
zwischen den das Land beherrschenden Türken und den ein=
geborenen Christen, sowie auch zwischen der türkischen Re=
gierung und den verschiedenen Kirchen, die im Ausland ihren
Sitz, aber ihre Institute und zahlreiche Gläubige im Lande
haben. Es würde seine großen Schwierigkeiten haben, wenn
sich nun die Juden noch einschieben, so daß sie die eigentlichen
Herren und Besitzer des Landes wären unter der Souveränität
oder Souzeränität des Sultans. Es fragt sich da nicht bloß,
welche Stellung bekämen die eingeborenen griechischen
Christen, sondern auch die übrigen Kirchen und ihre kirch=
lichen Institute, die unter dem Schutz der christlichen Mächte
stehen?

Was ist denn der Zweck aller dieser fremdländischen
kirchlichen Bestrebungen in Palästina? Es ist die Frage, ob
sich die Führer der Zionisten diese Frage klar gemacht haben.
Man darf es offen und unumwunden sagen. Es ist ein

stiller, mit Werken der Liebe wirkender, friedlicher Kreuzzug
aller christlichen Kirchen zur Wiedergewinnung und Eroberung
Palästinas für das Christentum. Alle Kirchen wetteifern
durch ihre Bestrebungen, dies Ziel zu erreichen seit mehr als
fünfzig Jahren. Was das Mittelalter nicht mit Waffengewalt
zu stande brachte, soll die christliche Liebe bewirken; daher
opfern alle christlichen Kirchen und Gläubigen schon seit lange
jährlich viele Tausende zur Gründung von Schulen, Spitälern,
Kirchen, Gemeinden und Klöstern. Werden die Christen,
welcher Kirche und Partei sie angehören, auf diese Bestrebungen verzichten, diese Idee fahren lassen wollen? Müssen
sie nicht fürchten, daß die Besitznahme Palästinas durch die
Juden allen diesen Bestrebungen über kurz oder lang ein
Ende machen würde? Können sie also die jüdisch-nationale
Bewegung betreffs Palästinas unterstützen, ohne ihre eigenen
Interessen preiszugeben? Denn wenn Palästina jüdisch werden
würde, müßte man aufhören, es christlich machen zu wollen.
Es wird nicht ausbleiben, daß die Christen alle diese Fragen
aufwerfen und diskutieren werden und es ist sehr wohl glaub-
lich, daß das Haupt der katholischen Kirche, das die Interessen seiner Kirche nie und nirgends außer acht läßt und
versäumt, bereits die Konsequenzen in Überlegung zieht, die
in dieser Hinsicht der Zionismus mit sich führen wird. Die
Organe des summus episcopus der größten protestantischen
Kirche werden auch nicht ermangeln, darüber nachzudenken
und die anglikanische Kirche wird auch nicht zurückbleiben in
dieser Frage.

Die christlichen Völker und Kirchen haben mindestens so
viel Interesse am heiligen Lande, als die Juden, und haben
noch mehr faktische und aktuelle Interessen dort zu vertreten,
als die Juden bisher dort besitzen. Die Wichtigkeit dieser
Frage wird also je länger je mehr in ihrer ganzen Größe

erkannt werden und ins Licht treten. Dies mögen sich die
Zionisten von vornherein klar machen. Es wird sich heraus=
stellen, daß dies keine Nebenfrage, sondern eine kapitale Frage
ersten Ranges ist. Von der Lösung dieser Frage wird das
Gelingen oder Scheitern der ganzen Bewegung und Unter=
nehmung abhängen. Die Zionisten vertrauen mit Recht auf
die Macht ihrer Idee: Jerusalem für die Juden. Diese Idee
vermag allerdings ihr ganzes Volk in Begeisterung zu ver=
setzen. Denn die Ideen haben, seit es Menschen giebt, zuletzt
doch immer die Geister sich unterworfen und sich als die
größte Weltmacht bewiesen, und die Idee: das Land der
Väter für ihre Kinder ist die große Idee, die das ganze
jüdische Volk in Bewegung zu bringen vermag und auch
wirklich bewegen wird; es ist zugleich eine Idee, die auch die
übrigen Nationen mit Sympathie zu erfüllen vermag. Aber
die Zionisten dürfen nicht vergessen, daß dieser Idee eine
andre, nicht minder mächtige gegenüber steht: die christliche
Idee! Diese Idee nimmt das Geburtsland Jesu Christi, die
Geburtsstätte des Christentums, für sich in Anspruch. Für
diese Idee haben schon vor jetzt gerade 800 Jahren viele
Tausende ihr Blut und Leben dran gegeben; diese Idee ist
auch heute noch eine Großmacht in den christlichen Geistern!
Es wäre ein gewaltiger Irrtum, wenn jemand glauben wollte,
die christliche Idee sei am Sterben und Erlöschen, weil in
den christlichen Ländern so viele unchristliche und christentum=
feindliche Ideen herrschend geworden sind. Die christliche Idee
ist so mächtig, wie in keinem der letztvergangenen Jahr=
hunderte; dafür zeugen die ungeheuren Missionsbestrebungen
aller christlichen Kirchen in Asien, Afrika, Australien, in den
Eisregionen des Nordens und auf den Inseln der Südsee;
dafür zeugen auch die Missionsbestrebungen in Palästina!
Die christliche Idee ist nach ihrem Verfall im vorigen Jahr=

hundert schon längst wieder im Steigen begriffen, da nun erst die jüdische Idee erwacht und sich regt. Müssen nicht die christliche Idee und die jüdische in Palästina hart aufeinander= platzen? Idee wider Idee!

Also die beiden Ideen sind die tiefen, alles tragenden, alles im innersten Grunde erregenden Unterströmungen, die sich auf beiden Seiten immer mächtiger geltend machen werden. Mit ihnen wird zu rechnen sein je länger je mehr. Aber wir wollen auf diese Haupt= und Kardinalfrage jetzt nicht näher eingehen. Sie erfordert eine besondere Untersuchung, der wir an einem andern Orte nicht aus dem Wege gehen werden. Hier wollen wir nur das Geständnis machen: beide Ideen haben ihre gleiche Berechtigung. Ohne unsre christ= liche Idee zu verleugnen, sagen wir offen, die Idee der Zionisten, Palästina für die Juden, hat ihre gute Berechtigung, so gut wie die christliche. Es muß also ein Ausgleich sich finden lassen. Wir haben die beiden Ideen nur so schroff einander gegenüber gestellt, um zu zeigen, um was es sich handelt. Die Situation muß ganz klargelegt werden. Denn es hat fast den Anschein, als ob der Zionismus dies nur als eine Nebensache ansehe. Es soll das kein Vorwurf sein, denn es ist natürlich, daß die Zionisten nicht jetzt schon alle Fragen aufrollen können. Ganz scheint sie ihnen nicht entgangen zu sein, denn der Leiter der Bewegung hat im Verlauf seiner großen, die ganze jüdische Bewegung darlegenden Eröffnungs= rede auch diese Frage wenigstens gestreift, indem er sagte: „Die Ansiedlung der Juden wäre wohl auch eine Besserung der Lage der Christen im Orient." Es wäre von großem Interesse, zu erfahren, wie dieser Satz gemeint ist, und was seine Tragweite ist. Aber jedenfalls hat ihn eine freundliche Gesinnung eingegeben. Von den Leitern der Bewegung darf man eine vorurteilsfreie, die wirklichen Thatsachen

befonnen in Erwägung ziehende Behandlung dieser Frage
erwarten.

Daß auch in weiteren Kreifen die Schwere dieser Frage
empfunden wird, geht daraus hervor, daß man die chriftliche
Orientfrage und die chriftliche Kirche mißbrauchte, um gegen
den Zionismus den erften, wie man glaubte, gewuchtigen
Schreckfchuß abzufeuern. Die Sache aber war ganz unge=
fchickt in der Ausführung und trug den Stempel der Er=
findung und Täufchung für jeden einfichtigen Chriften an der
Stirne. Es müffen wohl Juden gewefen fein, die in der
römifchen „Italia" die fälfchliche Nachricht verbreiteten, der
Papft habe es für feine Pflicht gehalten, alle Maßregeln zu
ergreifen, um die Wiederherftellung einer jüdifchen Nationalität
in Jerufalem zu verhindern; er werde dem Sultan einen
eigenhändigen Brief überfenden mit der dringenden Bitte,
felbft nicht für eine Reihe von Jahren Paläftina den Juden
abzutreten, die hoffärtig genug feien, die Prophezeiungen
Lügen zu ftrafen, nach welchen fie über die ganze Erde zer=
ftreut feien und niemals wieder eine Nation bilden follen.
Die englifchen „Daily News" wollten dann wiffen, der Papft
habe den Monfeigneur Bonnetti nach Rom berufen, um mit
ihm Maßnahmen gegen die zioniftifche Bewegung zu beraten.
Diefen Alarmnachrichten zur Einfchüchterung der Zioniften
folgte aber das Dementi auf dem Fuße. Chriften hatten kein
Intereffe, folche Nachricht, wie die „Italia" fie brachte, zu
erfinden; noch weniger würden Chriften dem Papfte die gänz=
lich aus der Luft gegriffene Behauptung in den Mund legen,
es gebe irgendwo Prophezeiungen, wonach die Juden in der
Zerftreuung immer bleiben müßten und nie mehr eine
Nation bilden dürften. So wenig folche Prophezeiungen
fich in der jüdifchen Bibel finden, fo wenig finden fich folche
in der chriftlichen; im Gegenteil, fo gewiß im Alten

Teſtament ſich Weiſſagungen finden, die auf die Rückkehr der
Juden ins heilige Land gedeutet werden und allezeit von den
Juden ſo gedeutet worden ſind, ſo gewiß finden ſich im Neuen
Teſtament Weiſſagungen, die allezeit von den Chriſten ebenſo
gedeutet wurden und noch werden. Zwiſchen der jüdiſchen
und chriſtlichen Bibel findet darüber volle Übereinſtimmung
ſtatt. Nur Juden können glauben, in der chriſtlichen Bibel
finde ſich das Gegenteil, weil die Juden unſre chriſtliche Bibel
viel zu oberflächlich bloß kennen. Die Päpſte insbeſondere
haben immer dieſe chriſtlichen Weiſſagungen einer Zukunft
der Juden in Erinnerung gehabt und auf ſie hingewieſen.
Wenn der chriſtliche Pöbel im Mittelalter die Juden mit
Weibern und Kindern vom Erdboden vertilgen wollte, da
haben je und je die Päpſte ihre Stimme erhoben und dies
gottloſe Unterfangen ſcharf getadelt und verboten mit der
ausdrücklichen Begründung, weil nach den Prophezeiungen
die Juden noch eine Zukunft hätten. Auch darin ſtimmen
alle Päpſte überein. Der jetzige wird ſich in keinem Falle
mit ſeinen Vorgängern in Widerſpruch ſetzen, wenn es ſich
um eine Erneuerung und Wiedergeburt des jüdiſchen Volkes
handelt. Schon der große Papſt Innocenz III. in ſeiner
Constitutio Judaeorum verbot die Ausrottung der Juden,
weil ſie noch alle gerettet würden. Gregor IX. beſtätigte
dieſe Konſtitution. Aus demſelben Grunde verwandte ſich
Clemens VI. für die Juden zur Zeit des ſchwarzen Todes
1348. Auch Martin V. in ſeiner Bulle vom Jahr 1419
betont, daß die Juden einſt gerettet würden. Übereinſtimmend
damit gewährte Pius IV. um 1562 den Juden in Rom
allerlei Erleichterungen, damit „der Reſt von ihnen gerettet
werde." Wie dieſe chriſtliche Weiſſagungen, auf welche die
Päpſte ſich berufen, zu verſtehen ſeien, und ob darin die
Rückkehr der Juden ins Land ihrer Väter mit eingeſchloſſen

sei, mag hier dahingestellt bleiben, in jedem Falle ist diese Rückkehr dadurch nicht ausgeschlossen und verboten. Daher dürfen die Juden versichert sein, daß von dieser Seite gegen nichts Widerspruch erhoben wird und nichts Verhinderung erfährt, was auf neues Leben und auf eine Wiedergeburt des jüdischen Volkes abzielt. Die Christen erkennen zum voraus alles an, was sich als von den jüdischen Propheten in Bezug auf die Juden und ihre Zukunft wirklich als ge= weissagt bewähren läßt, denn die Weissagungen des Neuen Testamentes basieren aufs genaueste auf jenen.

Wie dies von der katholischen, so gilt es auch von den protestantischen Kirchen. Und gerade bei denjenigen Prote= stanten, welche noch fest auf ihrer Bibel stehen, ist es ein lang gehegter Gedanke, auf dessen Verwirklichung sie längst warten, daß die Totengebeine Israels wieder einmal sich regen, lebendig werden, sich mit Fleisch und Blut umgeben und zu neuem Leben auferstehen (Ezechiel 37) und daß die Mauern Jerusalems wieder gebaut werden und das alte Bundesvolk des Ewigen darin wohnen werde. Was also zu diesem Zweck von den Juden selbst ins Werk gesetzt wird, dem wird von protestantischer Seite Sympathie entgegenge= bracht. Auch sie werden die Kreise der Zionisten nicht stören, solange als die christlichen Interessen im heiligen Lande nicht verletzt werden; dies wird die Taktik aller christlichen Kirchen sein. Es wird also vor allem auf eine Verständigung in dieser Beziehung ankommen, denn an sich werden die Christen durchaus nichts dagegen haben, daß die Juden ins Land ihrer Väter zurückkehren und es wieder in ihren Besitz bringen.

Aber ist eine solche Verständigung möglich und auch nur denkbar? Wir wollen die alten, wüsten, häßlichen Bilder der gegenseitigen Feindschaft zwischen Juden und Christen, Juden= tum und Christentum nicht heraufbeschwören. Sie sollen für ewige Zeiten begraben sein! Wir hoffen auf eine Verständigung in der Zukunft! Wir glauben auch, daß es keine phantastischen und illusorischen Hoffnungen sind, wenn auf beiden Seiten würdig und ernst, besonnen und überlegt gehandelt wird, und daß so vorurteilslose, von freiem Geist beseelte Männer an der Spitze der Zionisten stehen, dürfte eben der Grund guter Hoffnungen sein.

Wir wollen nur einen Punkt namhaft machen.

Wenn die Juden in Palästina unter dem Beifall und der Garantie der Mächte einen Staat bilden, dann muß es ein Staatswesen werden, das auch des Beifalls und der Garantie derselben würdig ist, sonst wird er weder zu stande kommen, noch Bestand haben. Es wird also ein moderner Staat sein müssen, kein mittelalterlicher, d. h. kein veraltetes Kultursystem, keine veralteten Institutionen, keine veralteten socialen Ord= nungen irgend welcher Art werden darin herrschend sein dürfen. Es wird den Juden selbst ein Anliegen sein, daß alle Kulturerrungenschaften der Neuzeit darin ihre Anwendung und ihre Stelle finden. Der Orient kann für das höhere Menschheitsleben nur gewonnen und ins weltgeschichtliche Leben nur eingegliedert werden, wenn er der modernen Kultur zugänglich gemacht wird. Entsteht ein jüdischer Staat, der eben die Aufgabe haben wird, dem Orient diese Kultur und Civilisation zu vermitteln, dann wird er selbst ganz darauf gebaut und ganz davon durchdrungen sein müssen. Das ist ja auch der Gedanke der Zionisten.

Aber wir müssen der Sache auf den Grund gehen und diese Kultur und Civilisation in ihren letzten Prinzipien und ersten Anfängen erfassen. Da ist nun zweifellos und un= bestreitbar und geschichtlich nachweisbar, daß diese sogenannte „moderne“ Kultur und Civilisation nirgends anders ihren Ursprung und ihre Geburtsstätte hat, als in den christlichen

Ländern und daß sie nur durch die Arbeit der christlichen
Völker produziert worden sind. Diese Kultur und Civilisation
ist eine christliche, wenn auch die Juden, wie oben gezeigt,
eine Vermittlerrolle dabei gespielt und z. B. die Philosophie
des christlichen Orients an den christlichen Occident vermittelt
und einzelne Juden lebendigen Anteil am Bau dieser Kultur
genommen haben. Alle großen Männer dieser Kultur aber
sind Christen gewesen mit Ausnahme des großen Spinoza,
den aber gerade die Synagoge aus dem Judentum ausgestoßen
und seinen Namen verflucht hat. Es ist das Verdienst der
Renaissance, daß die christlich-mittelalterliche Kultur ihre kirch-
liche Form und ihren kirchlichen Charakter abgestreift und sich
zur „modernen" Kultur und Civilisation ausgestaltet hat.
Aber dies schließt nicht aus, daß ihr Grundcharakter immerhin
noch ein christlicher ist. Wie groß auch die Erschütterungen
waren, welche diese Umgestaltung erforderte, so konnten die
Grundlagen doch nicht umgestoßen und das Fundament nicht
zerstört werden; und wie sehr auch kirchlicher Eifer bestrebt
war, dieser Kultur und Civilisation ihr mittelalterlich kirch-
liches Gewand zu erhalten und die modernen Bestrebungen
zu erdrücken, es ist doch nur eben das erreicht worden, daß
die christlichen Elemente erhalten wurden und nicht mit der
kirchlichen Form verloren gingen. Wenn daher auch das
moderne Volksleben, der moderne Staat, die moderne Wissenschaft und die ganze moderne Gesellschaft nicht mehr kirchlich
sind, so sind sie doch immerhin noch christlich, das heißt auf
christlichen Ideen erbaut, von christlichen Principien durchdrungen, nach christlichen Idealen sich richtend. In aller
unsrer Kultur und Civilisation stecken noch unendlich viele christliche Elemente, die diese Kultur tragen und ihren mächtigen
Einfluß nach allen Seiten hin geltend machen. Daher diese
Kultur und Civilisation immer noch auf die christlichen Völker

beſchränkt iſt. Wie mächtig dieſe chriſtliche Unterſtrömung in aller modernen Kultur iſt, ſehen wir eben daraus, daß auch das Judentum inmitten dieſer Kultur von dieſer Unterſtrömung beeinflußt worden iſt. Wir wollen nur ein Beiſpiel anführen. Das Inſtitut der barmherzigen Schweſtern und Diakoniſſen iſt ein ſpezifiſch chriſtliches Inſtitut zur Linderung des Elends der Kranken und Armen. Das moderne Judentum konnte nicht umhin, auch dieſes Kulturelement nachzuahmen, und in Berlin und Frankfurt „jüdiſche Schweſtern" zum ſelben Zweck auszubilden. Wer klar und unbefangen, verſtändig und vor= urteilslos unſre unkirchlichſten Staatsweſen betrachtet, wird darin noch zahlreiche Inſtitutionen, Anſchauungen und Ge= pflogenheiten finden, die zum Beſtand der Staaten unentbehr= lich, aber im tiefſten Grund chriſtlich ſind. Und ſo ſteht es auf allen Gebieten des modernen Lebens.

Zu welchem Zweck weiſen wir darauf hin? Um klar zu machen, daß der Zionismus, wenn er einen modernen Staat mit moderner Kultur und Civiliſation bilden will, not= wendigerweiſe eine andre Stellung zum Chriſtentum einnehmen muß, als das Judentum bisher eingenommen hat. Man ver= ſtehe uns recht. Wir reden nicht von den Kirchen, ſondern vom Chriſtentum ſelbſt, als dem Fundament der modernen Kultur. (Chriſtentum und Kirche und Kirchen ſind ſehr zweierlei. Mit den chriſtlichen Kirchen hat der Zionismus es nicht zu thun, wohl aber mit dem Chriſtentum. Es liegt in der Natur der Dinge, daß ein moderner, jüdiſcher Staat ſich zu den Principien des Chriſtentums, welches auch die Principien der Kultur und Civiliſation ſind, nicht negierend ſtellen darf, wie die Juden bisher thun zu müſſen glaubten. Eine kleine Änderung dieſer Stellung hat ſich allerdings ſchon bei den Reformjuden vorbereitet. Die alten und mittelalterlichen Juden hätten es als eine ſchwere Beleidigung empfunden, das Chriſten=

tum „die große Tochterreligion" des Judentums zu nennen.
Bei unsern modernen Juden ist es eine ganz geläufige Rede
und Anschauung geworden. Von den beiden großen Tochter=
religionen bevorzugen sie freilich alle bisher noch den Islam.
Es ist oben schon darauf hingewiesen, wie ungerecht. Weder
im Neuen Testament noch bei irgend einem der Kirchenväter
finden sich auch nur annähernd irgend welche Verfluchungen
der Juden oder solche Schimpfwörter, als wie schon in jener
einzigen Sure des Korans. Das Christentum ferner erkennt
ausdrücklich das ganze Alte Testament als göttliche Offenbarung
an, während der Koran nur einiges daraus in talmudischer
Fassung aufgenommen hat. Die jüdische Bibel und die alt=
jüdische Geschichte bilden ferner einen sehr großen Teil des
christlichen Jugendunterrichts, und christliche Kinder, wenigstens
protestantische, sind in der biblischen Geschichte besser zu Hause
als die meisten erwachsenen Juden. Endlich ist die Moral
des Christentums der jüdischen Moral viel verwandter als
die muhammedanische, welche tief unter beiden steht. Das alles
könnten doch Gründe genug sein, das Christentum, das eine
viel höhere Kultur und Civilisation produziert hat, als der
Islam, fernerhin nicht hinter letzteren zurückzustellen und ihm
etwas mehr Billigkeit im Urteil zukommen zu lassen. Bisher
haben die Juden das Christentum immer nur in den kirch=
lichen Gestaltungen betrachtet, welche ihm die Völker gegeben
haben, möchten sie doch davon einmal absehen und dasselbe
ohne alle Rücksicht auf Kirche und Kirchenlehren in seinen
Principien und Ursprüngen betrachten, wie es sich in den
Quellen selbst darbietet, sie würden gerechter urteilen lernen.

Macht sich aber einmal bei den Juden ein unbefangenes
und gerechtes Urteil in Bezug auf das Christentum als Kultur=
prinzip geltend, dann wird sich auch eine Verständigung über
die beiderseitigen Interessen in Palästina finden lassen. Wenn

einmal beffer erkannt fein wird beiderfeits, daß die Principien der beiden Religionen innigft verwandt find, wirklich wie Mutter und Tochter, dann wird eine entente cordiale zwifchen beiden Religionen entftehen, die von den wohlthätigften Folgen für Kultur und Civilifation fein wird. Man hat oft genug leider die Raffenantipathie und Nationalitätsgegenfäße auch auf das religiöfe Gebiet übertragen und fo die Kluft zwifchen beiden Religionen und Religionsangehörigen immer mehr ver= tieft und verbreitert. Wenn die urfprüngliche Verwandtfchaft beider Religionen erkannt und anerkannt und damit ein freund= licheres Verhältnis auf religiöfem Gebiete hergeftellt würde, fo ift gewiß, daß dann auch die Raffendifferenz und nationale Antipathie gemildert und in ihren Reibungen paralyfiert würde. Ja wohl, Judentum und Chriftentum find Mutter und Tochter: aber wenn die Mutter aus langem Schlaf und fchwerer Ohn= macht erwacht und durch die von der Tochter producierte Kultur fich felbft verjüngen will, um mit der Tochter und ihren Kindern in gleiche Reihe zu treten, fo wird natürlicherweife diefer Ver= jüngungsprozeß zu einer gewiffen Verähnlichung und Ähn= lichkeit mit der Tochter führen; das bringt das urfprüngliche Verwandtfchaftsverhältnis beider mit fich. Der Freifinnigkeit des Zionismus trauen wir es zu, das richtige Verhältnis zwifchen beiden Religionen herauszufinden und praktifch durch= zuführen. Wir wünfchen alfo eine Korrektur der Anfchauungen der Juden betreffs des Chriftentums und ein demgemäßes praktifches Verhalten, an Sympathie von feiten der Chriften wird es dann gewiß nicht fehlen und alle wirklichen Chriften, die nicht bloß Namenchriften find, werden ihnen dann den Befiß Paläftinas gönnen, ungefchmälert und ganz, weil bei gegenfeitigem Freundfchaftsverhältnis die chriftlichen Intereffen keine Schädigung erleiden würden. Daß bei Taufenden von Chriften eine tiefe Sympathie für die Juden, für ihren

nationalen Bestand, ihre Wiedergeburt zu nationalem Leben, für
ihre Rückkehr nach Palästina lebendig vorhanden ist, davon
haben die Besucher des jüdischen Kongresses sich zu Basel über=
zeugen können, und sie haben es anerkannt. Das Organ der
Zionisten „Die Welt" schreibt darüber in Nr. 15 Seite 3
folgendes: „Die tiefe Sympathie, welche die Basler Christen
für die Kongreßbesucher empfanden, gehört mit zu den ange=
nehmsten Erinnerungen, die wir aus Basel heimgebracht
haben. Und dieser Stimmung gab auch ein Kongreßbesucher
Ausdruck, als er einer christlichen Familie Basels, die ihn
während der ganzen Kongreßzeit aufs liebevollste beherbergte,
folgendes ins ‚Buch der Gäste' schrieb: ‚Und so wird
uns die Zukunft lehren, daß lediglich der Zionis=
mus zu einer wahren Verbrüderung zwischen
Christen und Juden führen kann!'" Möchte dieses schöne
Wort aus jüdischer Feder allgemeine Ansicht aller Zionisten
und Christen werden, und möchte es sich erfüllen! Wenn dazu
die Zukunft führen würde, wäre es für Juden und Christen
ein ungeheurer Gewinn und unaussprechlicher Segen! Das
wäre das schönste und beste Ende der Judenfrage, wenn der
Zionismus eine entente cordiale zwischen Christen und Juden
zu stande brächte. Daß dies das letzte Ende der Judenfrage
sein könnte und werden soll, dürfte freilich jetzt noch manchem
Achselzucken und Kopfschütteln begegnen, wer wird sich das
verhehlen? Aber die Ideen sind doch mächtiger als die kalten
Realisten sich träumen lassen. Die Ideen sind langlebig und
setzen sich durch. Heinrich Heine hat einmal in seiner spöttischen,
realistischen Weise gesagt, dreierlei werde bis ans Ende der
Tage nicht fertig werden: das Schellingsche System, der Kölner=
Dom und die deutsche Einheit. Wie rasch hat ihn die Ge=
schichte zu Schanden gemacht. Alle drei sind fertig und voll=
endet worden, denn in allen dreien stecken Ideen und diese

trieben zu ihrer vollendeten Ausgestaltung. In der alten, großen, schwermißhandelten Judenfrage steckt auch eine große, hohe und edle Idee: sie wird sich einst auch durchsetzen und die Zweifler und Spötter zum Schweigen bringen.

Wann also wird die Judenfrage aus der Welt geschafft sein? Nur dann, wenn die Juden als Volk und Nation ihre richtige Stelle in der Völker- und Kulturwelt gefunden haben. Seit achtzehnhundert Jahren sind sie dieser Stelle beraubt durch jene furchtbare Katastrophe, die mit Flammenschrift in die Annalen der Weltgeschichte eingetragen ist und durch die das jüdische Volk seiner heimatlichen Erde beraubt wurde. Die tiefen Wunden, die dadurch dem jüdischen Volk geschlagen wurden, haben die Jahrhunderte hindurch zu bluten nicht aufgehört, sie sind immer wieder aufgerissen, immer schmerzlicher gemacht worden, denn die Pflüger haben auf seinem Rücken geackert und ihre Furchen lang gezogen (Pf. 129, 3), und die blutenden Wunden haben Angesicht und Leib, Herz und Charakter des Volkes entstellt; aber „sie haben es nicht übermocht". Wo in aller Welt sie hin kamen, unter welches Volk und welche Nation sie zerstreut wurden, da wurden sie zur Frage, da waren sie das kritische, fermentierende Element, gegen das alle anderen volkstümlichen und nationalen Elemente reagierten, denn im jüdischen Volk steckt eine geheime Fieberglut, die Wirkung seiner stets blutenden Wunden, eine fieberhafte Erregung, die es allen Völkern unleidlich und unsympathisch machte und ihm selbst immer neues Leid zuzog. Die Wunde wird heilen, das Angesicht sich klären, das Herz sich beruhigen, der Charakter sich läutern, wenn „Israel hinzieht zu seiner Ruhe" (Jer. 31, 2), wenn es wieder eine eigene Nation sein, ein eigenes Heimatland besitzen, seine eigene Kultur bauen und Ruhe und Frieden im eigenen Heim- und Gemeinwesen finden wird. Aus dem Vaterland verbannt sein heißt seit uralter Zeit bei allen Völkern „im Elend sein"; daheim sein heißt in Ruhe und Glück, in Friede und Wohlfahrt sein. Das alles hat das jüdische Volk so lange entbehren müssen, es wird dies alles finden, wenn die jüdisch=nationale Bewegung zum Ziel kommen kann. Die Bewegung hat begonnen, würde sie scheitern, dann würde das Übel und Elend ärger werden, als sie vorher waren. Das ist's was die matten Herzen so verzagt macht. Aber dem Mutigen hilft das Glück, und wer sich selbst hilft, dem wird Gott helfen! Dann werden aber auch die andern Völker zur Ruhe kommen, und eins der traurigsten Blätter der Welt= geschichte, das einerseits mit ewigen Klagen über die Juden, andrerseits mit steten Gewaltthaten gegen sie erfüllt ist, wird zu Ende gekommen und aus sein.

Lassen wir darum der national=jüdischen Bewegung freien Lauf! Ihr Ziel liegt noch in der Ferne, der Schwierigkeiten sind zahllose, die Arbeit eine ungeheure, aber im Gang der Weltgeschichte — was ist da ein Menschenalter und eine Menschengeneration? Die Menschen gehen dahin wie ein Schatten, aber die erhabene, göttliche Weltordnung, das ewige Weltgesetz bleibt bestehen, daß kein edles, großes Streben nicht zuletzt zum Ziel und guten Ende kommt!